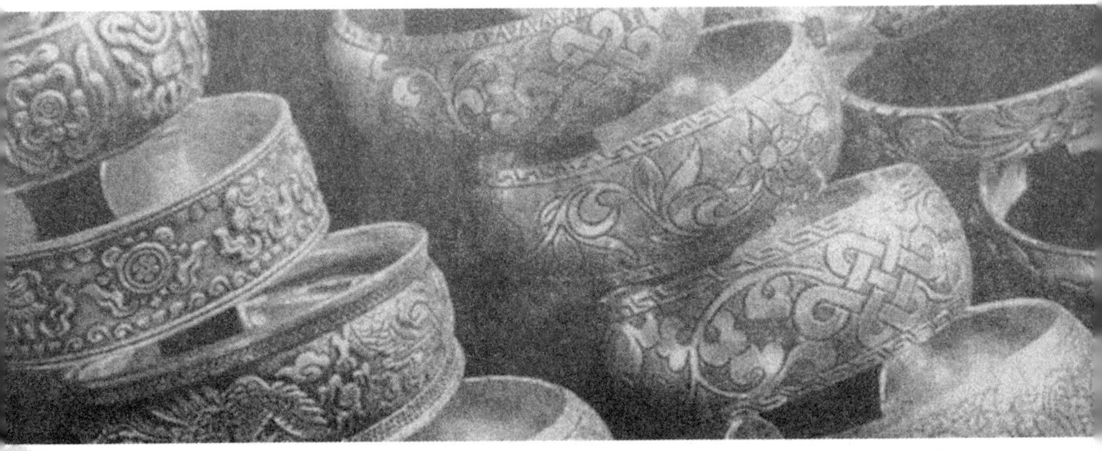

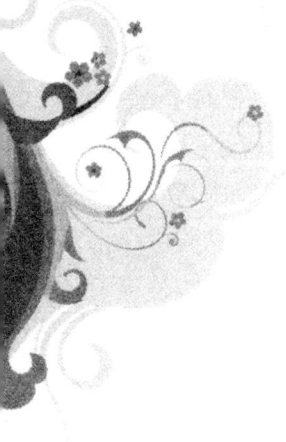

中国文化知识读本

古代银器

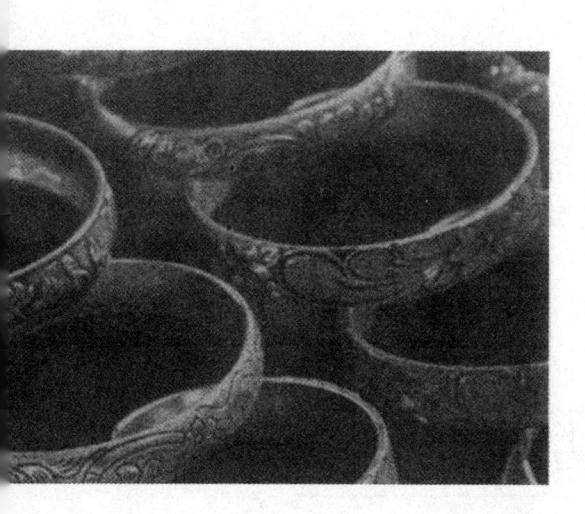

主编 金开诚
编著 于元

吉林出版集团有限责任公司
吉林文史出版社

图书在版编目（CIP）数据

古代银器 / 于元编著 .—长春：吉林出版集团有限责任公司：吉林文史出版社，2009.12（2022.1重印）
（中国文化知识读本）
ISBN 978-7-5463-1526-3

Ⅰ.①古… Ⅱ.①于… Ⅲ.①金银器（考古）- 简介 - 中国 Ⅳ.① K876.43

中国版本图书馆 CIP 数据核字（2009）第 222484 号

古代银器

GUDAI YINQI

主编／金开诚 编著／于元
项目负责／崔博华 责任编辑／崔博华 曹恒
责任校对／梁丹丹 装帧设计／曹恒
出版发行／吉林文史出版社 吉林出版集团有限责任公司
地址／长春市人民大街4646号 邮编／130021
电话／0431-86037503 传真／0431-86037589
印刷／三河市金兆印刷装订有限公司

版次／2009 年 12 月第 1 版 2022 年 1 月第 4 次印刷
开本／650mm×960mm 1/16
印张／8 字数／30千
书号／ISBN 978-7-5463-1526-3
定价／34.80元

《中国文化知识读本》编委会

主 任 胡宪武

副主任 马 竞　周殿富　孙鹤娟　董维仁

编 委（按姓氏笔画排列）

于春海　王汝梅　吕庆业　刘 野　李立厚

邴 正　张文东　张晶昱　陈少志　范中华

郑 毅　徐 潜　曹 恒　曹保明　崔 为

崔博华　程舒炜

关于《中国文化知识读本》

文化是一种社会现象，是人类物质文明和精神文明有机融合的产物；同时又是一种历史现象，是社会的历史沉积。当今世界，随着经济全球化进程的加快，人们也越来越重视本民族的文化。我们只有加强对本民族文化的继承和创新，才能更好地弘扬民族精神，增强民族凝聚力。历史经验告诉我们，任何一个民族要想屹立于世界民族之林，必须具有自尊、自信、自强的民族意识。文化是维系一个民族生存和发展的强大动力。一个民族的存在依赖文化，文化的解体就是一个民族的消亡。

随着我国综合国力的日益强大，广大民众对重塑民族自尊心和自豪感的愿望日益迫切。作为民族大家庭中的一员，将源远流长、博大精深的中国文化继承并传播给广大群众，特别是青年一代，是我们出版人义不容辞的责任。

《中国文化知识读本》是由吉林出版集团有限责任公司和吉林文史出版社组织国内知名专家学者编写的一套旨在传播中华五千年优秀传统文化，提高全民文化修养的大型知识读本。该书在深入挖掘和整理中华优秀传统文化成果的同时，结合社会发展，注入了时代精神。书中优美生动的文字、简明通俗的语言、图文并茂的形式，把中国文化中的物态文化、制度文化、行为文化、精神文化等知识要点全面展示给读者。点点滴滴的文化知识仿佛繁星，组成了灿烂辉煌的中国文化的天穹。

希望本书能为弘扬中华五千年优秀传统文化、增强各民族团结、构建社会主义和谐社会尽一份绵薄之力，也坚信我们的中华民族一定能够早日实现伟大复兴！

目录

一 略谈白银 001

二 银器的分类 007

三 银器史 025

四 古代著名银器 091

五 银器的保养 117

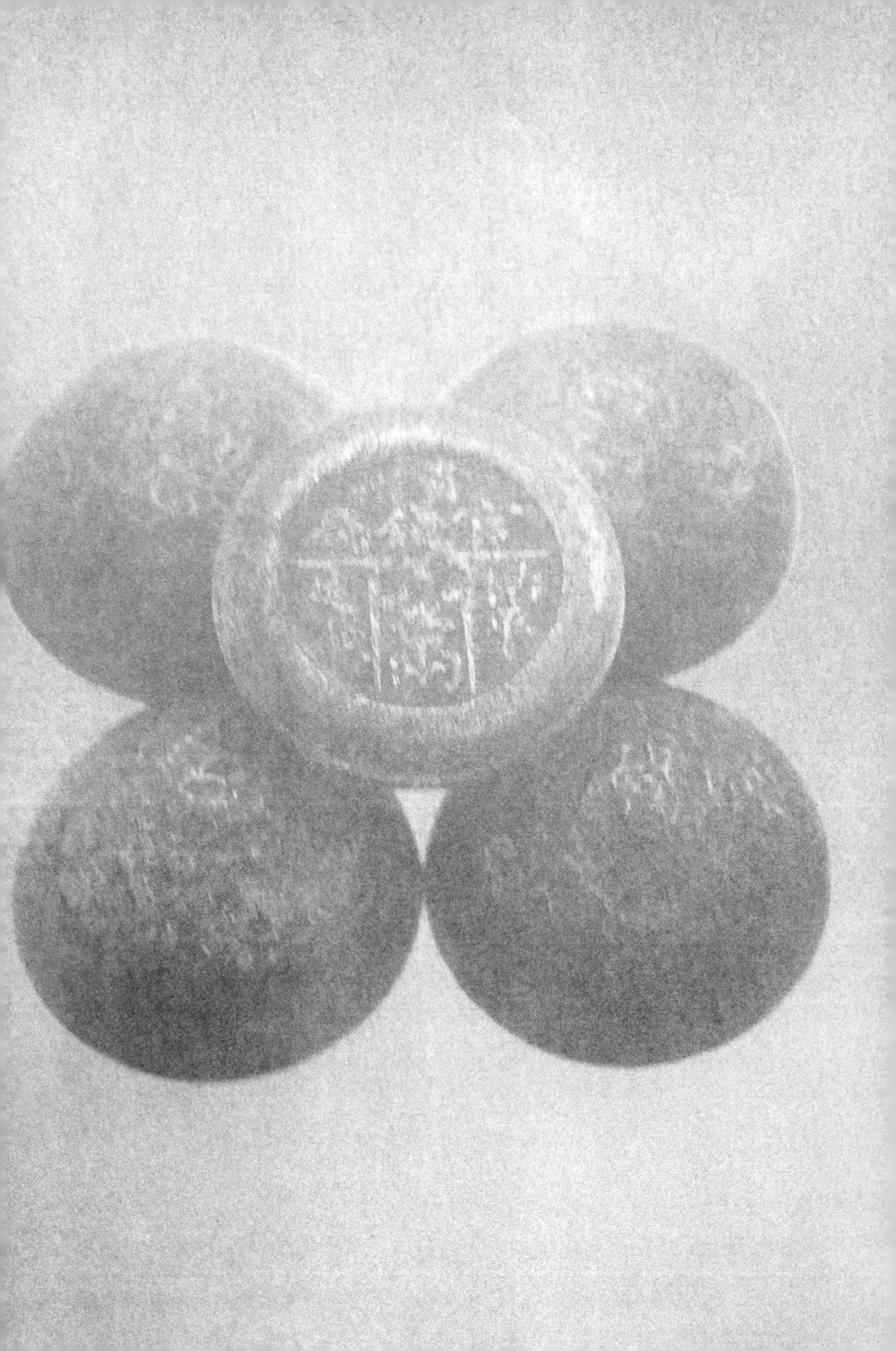

一 略谈白银

银和金、铜一样，是人类最早发现的金属之一

纯银是一种美丽的银白色金属，在地壳中占亿分之五。《禹贡》一书中有"唯金三品"之语，是把银与金、铜并列，可见我国早在公元前23世纪，即距今四千多年前便发现了银。银和金、铜一样，是人类最先发现的金属之一。

银具有很高的延展性，可以碾压成只有0.00003厘米厚的透明的银箔，一克重的银粒可以拉成约两公里长的细丝。人们利用银的这种易于加工的特性，将其加工成各种银器和装饰品，来丰富人们的生活。

银饰件是人们赠给初生婴儿的首选礼物，还有人用银匙喂孩子。原来，银离子能

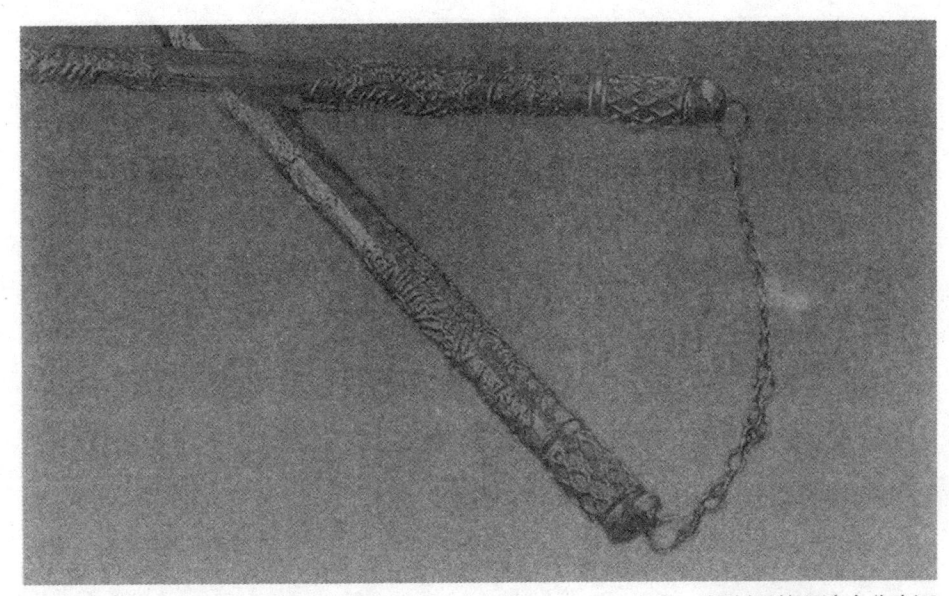

银制品的用途十分广泛

杀菌。每升水中只要含一千亿分之二克的银离子,便能使大多数细菌死亡。十亿分之几克的银能使一升水变清洁。内蒙古牧民常用银碗盛马奶,可以长期放置而不会变酸。

两千多年前,人们就知道把银片覆盖在伤口上杀菌。现在,人们用银丝织成银纱布包扎伤口,用来医治某些皮肤创伤或难治的溃疡。若皮肤碰伤,一时无药,立即将身上戴的纯银银器贴在伤口上,可以防止感染。普通的抗生素仅能杀死六种不同的病原体,而含银的抗生素竟能杀死六百五十种以上的病原体。银筷子能够检

纯银有着很强的杀菌功能

测出食物中含硫的毒剂。人们利用银的这种特性破案，还可以预防一些自然灾害。如我国古代法医曾用"银针验尸法"来测定死者是否中毒而死，破获了不少谋杀案。又如火山爆发及大地震之前，地表会渗出含硫的气体。这种气体会使银器的表面很快变黑，从而显示出火山即将爆发、大地震将要来临的征兆。

银是人体内的微量元素之一，微量的银对人是无害的。银是一种可以食用的金属，我国古代常用银箔包裹食品和丸药服用。

银是某些生物的食物，白蚁就吃白银。古时候，有一个妇人在箱子里放了150两白银，有一天开箱查看，发现藏银不翼而飞了。妇人大吃一惊,怀疑白银被人偷走,十分恼火。后来,她继续寻找,忽见一大堆白蚁正团团围着残存的银粒在吞吃。妇人一气之下,把白蚁投入炉中活活烧死,以解心头之恨。没想到白蚁烧光后,腹中的白银全露出来了,放到戥子上一称,正好是150两。

银在中国古代称为白金,银和黄金一样,是一种历史悠久的贵金属,至今已有四千多年了。银最早用来做装饰品和餐具,后来才做货币。最初,由于取银困难,它的价值比金还贵。马克思在《政治经济学批判》中讲到:"……而银的开采却以矿山劳动和一般比较高度的技术发展为前提。因此,虽然银不那么绝对稀少,但是它最初的价值却相对地大于金的价值。"

925代表银的纯度,这是银器的最高纯度,正如999是黄金的纯度一样。因为足银过于柔软,还容易氧化,所以925银被国际公认为纯银。

银常以纯银的形式存在,人们曾经找到过一块重达13.5吨的纯银。银也以氯化物与硫化物的形式存在,常同铅、铜、锑、砷等矿石共生在一起。

天然银多半和金、汞、锑、铜或铂组

中国古代将银称为白金

银和黄金一样有着悠久的历史

成合金，天然金几乎总与少量的银组成合金。除天然银外，银矿主要有辉银矿，其次是角矿。

人类如何提炼银呢？将银矿石与食盐、水放在一起加热，再与汞结合成为银汞齐，蒸去银汞齐中的汞，就能得到银了。也可以用氰化碱浸出银矿石中的银，再加铅或锌使银沉淀出来。

现在，人们用银制成合金、焊药、银箔、银盐、化学仪器等，也有将银用于制造银币等方面的。

银器有两种分类法：一是传统分类法，一是现代分类法。传统分类法将银器分为八组，即茶具、法器、盥洗器、食器、饰件、药具、

二 银器的分类

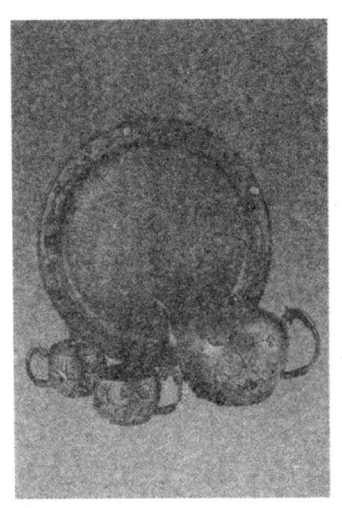

银茶具

饮器和杂器。现代分类法将银器分为三类，即首饰、器皿和银币。因本书介绍古代银器，所以采用传统分类法。

（一）茶具

鎏金龟形银盒，唐代银器，高13.3厘米，长27.7厘米，宽14.9厘米，重818克，1987年于扶风县法门寺地宫出土，现藏于法门寺博物馆。

此盒采用钣金、模压、錾刻、鎏金、焊接等工艺加工而成，是一种可以开启、盛放茶叶的容器。唐代有尚龟的民俗，其造型模仿龟状。龟首昂起，尾部下垂，深腹平底，四腿紧贴腹部，左足前掌踏地，如正在行走，极具动态，体现了晚唐高超的银器加工水平。

鎏金人物画银坛子，唐代银器，高24.7厘米，口径12.3厘米，1987年于扶风县法门寺地宫出土，现藏于法门寺博物馆。

鎏金人物画银坛子是唐懿宗、唐僖宗为迎送佛骨而供奉的配套茶具中的贮藏器，共有两个，形制相同。此坛深腹平底圆足，由盖、体和足三部分组成。盖为四瓣竖凸棱形结构，每瓣内饰一巨狮，衬以缠枝蔓草，鱼子纹地。盖钮为珠宝状，饰以二方连续的蔓草纹、鱼

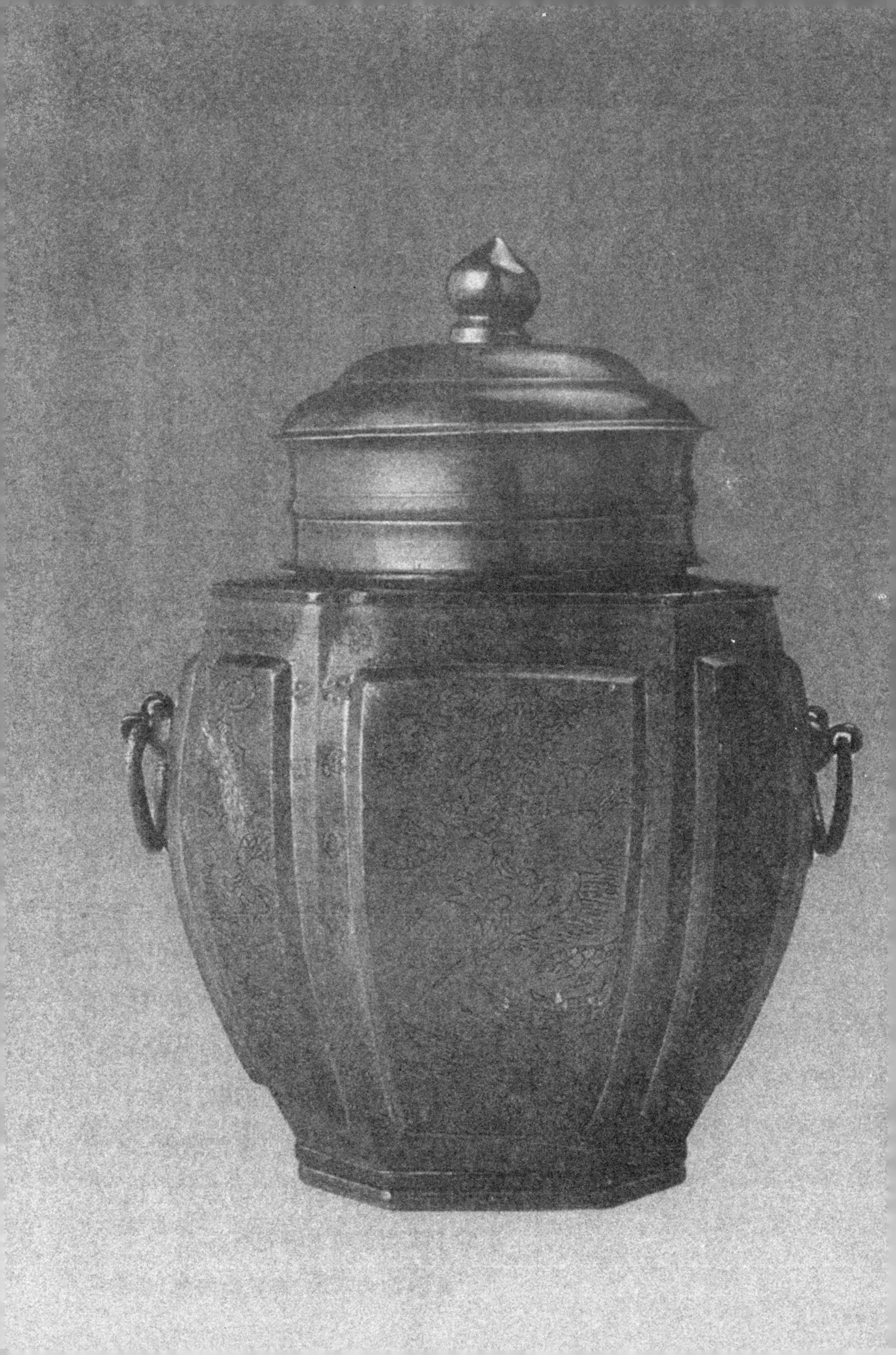

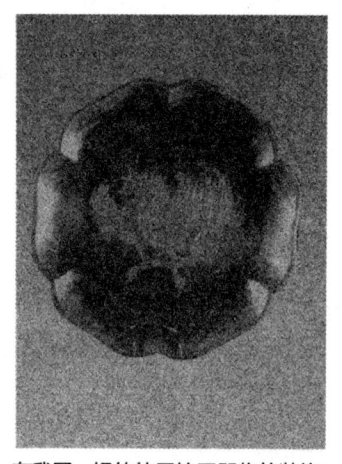

在我国，银的使用始于器物的装饰

子纹地。坛身分成四个开光区，各为壶门形画面，上有四组人物图案。第一组：两人相对跽坐于蒲团上，一人捧杯，一人吹笛。第二组：一人双手抚琴跽坐于蒲团上，其侧有双鹤振翅欲飞。第三组：一蛇口含宝珠，一人举手作接珠状，取材自"随侯得珠"。第四组：一人吹笙跽坐于蒲团上，身旁一凤翩翩起舞，取材自"吹笙引凤"。

折枝鸿雁纹银匜，唐代银器，高8.7厘米，直径20.5厘米，足径12.5厘米，流长8.5厘米，1970年于西安市何家村出土，现藏于陕西历史博物馆。

古代盛器，出现于西周中期。折枝鸿雁纹银匜是唐代用来烹茶的器具，侈口鼓腹圆底，喇叭形圈足。口沿处焊接向上微翘的流。腹部以散点装饰手法，间隔排列折枝花两枝及口衔绶带的鸿雁一对，内有墨书题记——"廿一两"。

鸿雁衔绶纹银匕，唐代银器，高12厘米，1989年于西安市国棉五厂出土，现藏于陕西省考古研究所。

此银匙为茶匙，首呈椭圆形，后带一鸭首形柄，通体錾花。银匙之首正反两面均饰鸿雁衔绶纹，周围配以折枝花、莲叶等。图中鸿雁立于莲叶上，口衔绶带，振翅欲飞。此匕正反两面饰以错落有致的缠枝、莲枝和飞鸿等。银匙通体为鱼子状地纹，匙侧饰一伏鸭，做工精良，錾刻线条流畅自然。

（二）法器

迎真身银金花纹十二环锡杖，唐代银器，长196.5厘米，重2390克，1987年于扶风县法门寺地宫出土，现藏于法门寺博物馆。

锡杖为银质，通体錾饰花纹并涂金。杖杆为圆柱形，中空。其纹饰可分作三段：下段为三栏纹样，以联珠纹为栏界，上两栏錾饰四出团花纹，下栏为二方连续的一整二破团花，杖镦呈扁球形，其上錾一周八瓣覆莲；

银法器

银法器

杖身中段为主体花纹，由上至下錾出七组（每组两体）十四体身披袈裟、有头光、手执法铃、立于莲花之上的缘觉僧，周围衬饰花叶和缠枝蔓草；上段以一周凸起的八瓣仰莲作栏界，分錾蜀葵、山岳、云气和团花等六栏花纹，与下段纹饰相呼应。杖首用直径0.6厘米、錾有流云纹的银丝折成垂直相交的四股桃形轮与杖杆铆接，每股轮幅上套置三个满饰缠枝蔓草的扁圆锡环；轮顶又是象征佛所在的两重莲台。据两个相邻轮幅上的錾文可知，此杖为唐懿宗咸通十四年（873年）文思院为迎取真身奉敕所造。

鎏金带座大日如来像，唐代银器，通高15.1厘米，座高4.5厘米，重651克，1987年于扶风县法门寺地宫出土，现藏于法门寺博物馆。

此立像系采用失蜡法浇铸而成，通体分为三大铸件：首、身、火焰身背光。佛像坐于莲台之上，莲座表面经过打磨抛光并凿出花瓣纹饰。佛像除面、胸、掌、束腰外均采用鎏金工艺。神态安祥超然，比例适度，做工精细，是唐代造像中的精品。

所谓失蜡法指先在模子中用蜡制成所需要的器形，然后往模子的一孔注入铜水，模子中的蜡遇热融化，从另一孔流出，即可获得成型的青铜制品。

银椁，唐代银器，通高28厘米，总重1800.4克，1985年于临潼县唐庆山寺出土，现藏于临潼县博物馆。

整器由银椁、须弥座组成。银椁前档雕出门扇，左右各一浮雕菩萨，后档上粘浮雕摩尼宝珠。椁盖中央贴镏金白玉宝蕊莲花，周围为四朵宝石镶嵌的团花，莲花和团花上均用粗银丝做成螺旋塔形。椁的两侧面有五个或坐或动的罗汉。须弥座以壶门作底，上围以透空栏杆。周围镶嵌六周珍珠。银椁采用锤、掐丝、贴焊、铆合、镂雕、镶嵌等手法，玲珑剔透，无与伦比，具有很高的艺术价值和科学价值。

团花为传统寓意纹样。一种四周呈放射状的或旋转式的圆形装饰纹样。有大团花及小团花之分，后者亦叫"皮球花"。有的把两个团花连接成一个纹样，称为"双球花"。在古代铜器、陶瓷、织绣品以及现代一些工艺产品上都有用团花作装饰的。

锤为晋代发明的一种雕塑技法。其法是先做成所需要塑造物体的模型，然后用

银椁

薄铜片披在模型上,锤打而成,称为"锤"。这是我国较古老的一种技术。

(三)盥洗器

鹦鹉纹提梁银罐,唐代银器,高24.2厘米,口径12.4厘米,底径14.3厘米,重1789克,1970年于西安市何家村出土,现藏于陕西历史博物馆。

此罐大口短颈,覆碗形盖,罐腹鼓起略呈亚字形,喇叭形圈足,提梁辖焊接在罐肩上两个葫芦形的附耳之内,可以自由活动。银罐通体装饰以鹦鹉为中心,用折枝花围于四周,形成一个圆形图案,装饰于提梁罐的两面。银罐的颈部与足均饰海棠花瓣,使器物的通体构图显得枝繁叶茂,生机勃勃,给人以欢快舒畅的美感。这种构图反映了当时人们祈求康宁、幸福与长寿的美好愿望。

折枝花即通过写生截取带有花头、枝叶的单枝花卉作为素材,经平面整理后保持生动写实的外形和生长动态,作为单位纹样。在组织排列上将数枝折枝花散点分布,注意花纹之间的相互呼应,形成生动自然而又和谐统一的整体效果。折枝花以其写实生动的风格,成为准确反映审美意境的纹样程式。

银壶

(四)食器

鎏金龟纹桃形银盘，唐代银器，高0.9厘米，口径12.3厘米，重146.5克，1970年于西安市何家村出土，现藏于陕西历史博物馆。

此盘银质桃形，窄平折沿，浅腹平底，盘心处贴焊一模压出的龟纹。经抛光处理后的银盘锃亮耀眼，加之鎏金的龟纹金光灿灿，显得神异高贵。

抛光指利用柔性抛光工具和磨料颗粒或其他抛光介质对工件表面进行的修饰加工。抛光不能提高工件的尺寸精度或几何形状精度，只是以得到光滑表面或镜面光泽为目的。

银质酒器

鎏金银盘

通常以抛光轮作为抛光工具。抛光轮一般用多层帆布、毛毡或皮革叠制而成,两侧用金属圆板夹紧,其轮缘涂敷由微粉磨料和油脂等均匀混合而成的抛光剂。抛光时,高速旋转的抛光轮压向工件,使磨料对工件表面产生滚压和微量切削,从而获得光亮的加工表面。

"李勉奉进"双鱼纹银盘,唐代银器,径17厘米,高1.2厘米,边宽2厘米,1975年于西北工业大学出土,现藏于西安市文物管理委员会。

此盘银质,双鱼蔓草纹,平底,口沿微敞。银盘完整无缺,盘体以鱼纹为中心,分内外两圈,以对称的蔓草组成装饰团花图案。盘心双

银酒器

银器的分类

狮纹镏金银盘

鱼体上用金叶镶嵌而成134片金光闪闪的鱼鳞，运用错金法使金色的团花映衬在银白色錾小点底纹上，交相辉映，灿烂夺目。盘底刻有"李勉奉进"四字。

蔓草纹是由蔓生的花草构成活泼饱满的纹饰，带有一种欢乐的色彩，由于它连绵不断的造型特点，人们赋予它连绵不绝的吉祥内涵，蔓草组成带状的图案寓意"万代"。

（五）饰件

镏金三钴杵纹银臂钏，唐代银器，内径9.2厘米，外径11厘米，重128—146克，1987年于扶风县法门寺地宫出土，现藏于法门寺博物馆。

此钏银质，面隆，内壁平，钣金焊接成形，施以镏金。钏体浑然天成，毫无人工焊接之痕迹。此钏制作优良，工艺精湛，加以密宗特有花纹，独特、神秘而别具魅力。

戴臂钏最早为西部之风，唐代妇女普遍戴钏。敦煌莫高窟壁画上大多数女性均戴有臂钏。由此钏可见唐代金银器整体制作水平之高和工匠技艺之娴熟。

蔓草蝴蝶纹银钗，唐代银器，长35.5厘米，现藏于陕西历史博物馆。

银钗系锤成型，双股，钗作叶片状歧首。歧首指一个身子两个脑袋。钗面在镂空蔓草纹上饰以蝴蝶状纹样，钗面与钗身之间有8字形交花及苞蕾。

银饰品

（六）药具

银石榴药罐，唐代银器，罐高10.1厘米，口径2.6厘米，罐口高1.5厘米，1970年于西安市何家村出土，现藏于陕西历史博物馆。

此罐小口、长颈，颈部有一圈棱带，长颈似圆筒，筒底凿二小孔，孔径约0.5

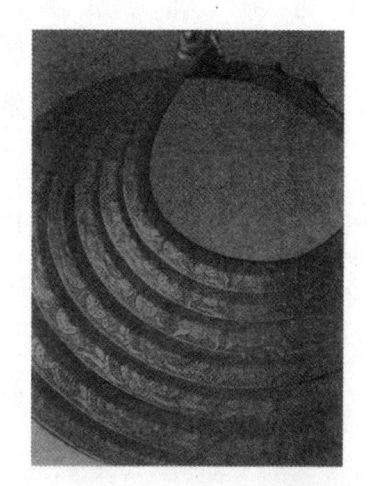

狩猎纹局足银杯

厘米，孔内有如棍状的塞子，顶端为仰莲瓣，亚字形腹，器壁厚重，圆底。

银药盒，唐代银器，盒高 6.3 厘米，口径 17.5 厘米，重 600 克，1970 年于西安市何家村出土，现藏于陕西历史博物馆。

此盒盒盖与盒底以子母口扣合，锤成型，素面无纹。

（七）饮器

狩猎纹高足银杯，唐代银器，高 7 厘米，口径 5.9 厘米，足径 3.4 厘米，1970 年于西安市何家村出土，现藏于陕西历史博物馆。

此杯敞口，圆唇略向外翻卷，颈部有一周突棱，深腹略向下斜收，呈小平底。高圈足上部为一小平盘，与杯身焊接相连，中部突出一圆棱，下部为喇叭形状。杯腹饰有四幅狩猎场面，画面空处饰以蔓草缠枝花纹，以鱼子纹为地。器腹的上下边缘及底圈足，分别刻有石榴忍冬、卷草纹样。整个纹饰有人物、禽兽、流云、树木、花草等形象，是一幅生动的古代狩猎图。

蔓草鸳鸯纹银羽觞，唐代银器，高 3 厘米，口径 7.6—10.6 厘米，底径 4.2—6.6 厘米，1970 年于西安市何家村出土，现藏于陕西历史博物馆。

羽觞也称"耳杯"，是古代人饮酒用具，

器身椭圆形，两侧有对称的双耳。该器侈口，口沿稍外翻，弧腹平底。器身呈椭圆形，有长方形片状双耳接于口沿之下。器物锤成型。这种锤技术原属西方金属工艺，后在我国金银器制作工艺中得到广泛的运用。

（八）杂器

忍冬花结五足银熏炉，唐代银器，通高30.9厘米，腹径21.2厘米，1970年于西安市何家村出土，现藏于陕西历史博物馆。

熏炉由三部分组成，上层为半圆形盖，盖面上相间地镂刻出三层如意云头纹饰，

银熏炉

中间铆有仰莲瓣宝珠形钮。中层镂刻一周忍冬桃状纹饰，下部以子母口与下层相连。下层为圆盘状炉身，有五个蹄状足，间置五根链条，使熏炉既可平放，又可悬挂。中、下层结合处焊有两个如意卧云，起固定作用。熏炉整体造型舒展大方，风格凝重典雅，是一件观赏性很强的室内摆设用具。

　　银开元，唐代银器，直径2.5厘米，1970年于西安市何家村出土，现藏于陕西历史博物馆。

　　银开元是仿照铜质的开元通宝铸造的。正面为楷书"开元通宝"四字，背面有新月纹。

唐代银开元通宝

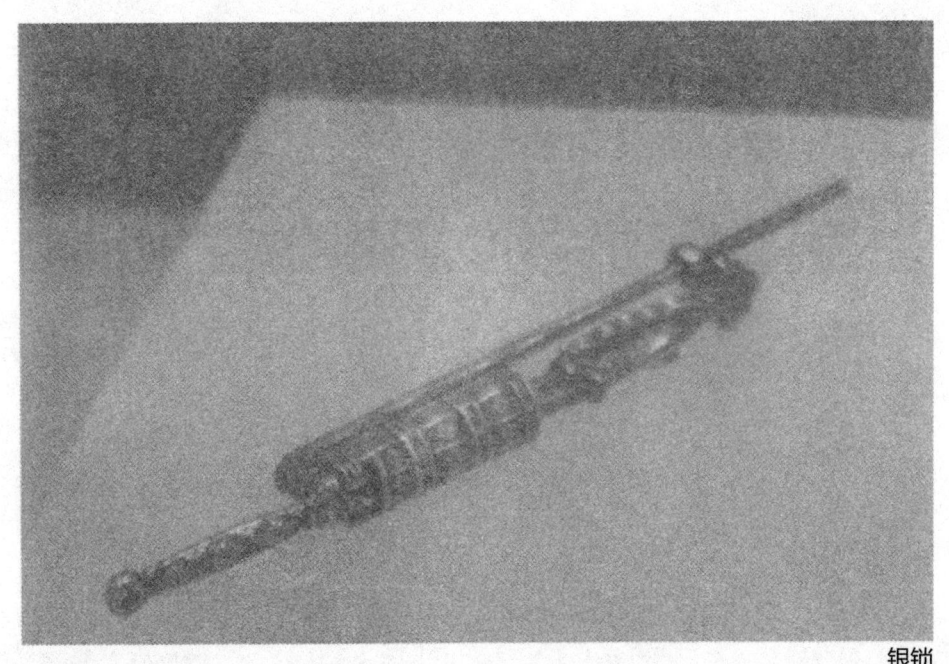

银锁

唐朝时,银开元并不作流通货币使用,主要是皇室贵族用来作游戏、压胜或皇帝赏赐臣属时用的。

银锁,唐代银器,通长12厘米,宽1.8厘米,1970年于西安市何家村出土,现藏于陕西历史博物馆。古代称锁为门链,指关闭门户、柜橱、箱匣等用钥匙才能开启的金属器具。这把鎏金银锁是由锁牡、锁牝、锁匙三部分组成。锁牝即锁身,锁牡即锁公,锁匙即钥匙。银锁浇铸成型,花纹平錾,纹饰涂金,通身装饰菱形花纹。

银器的分类

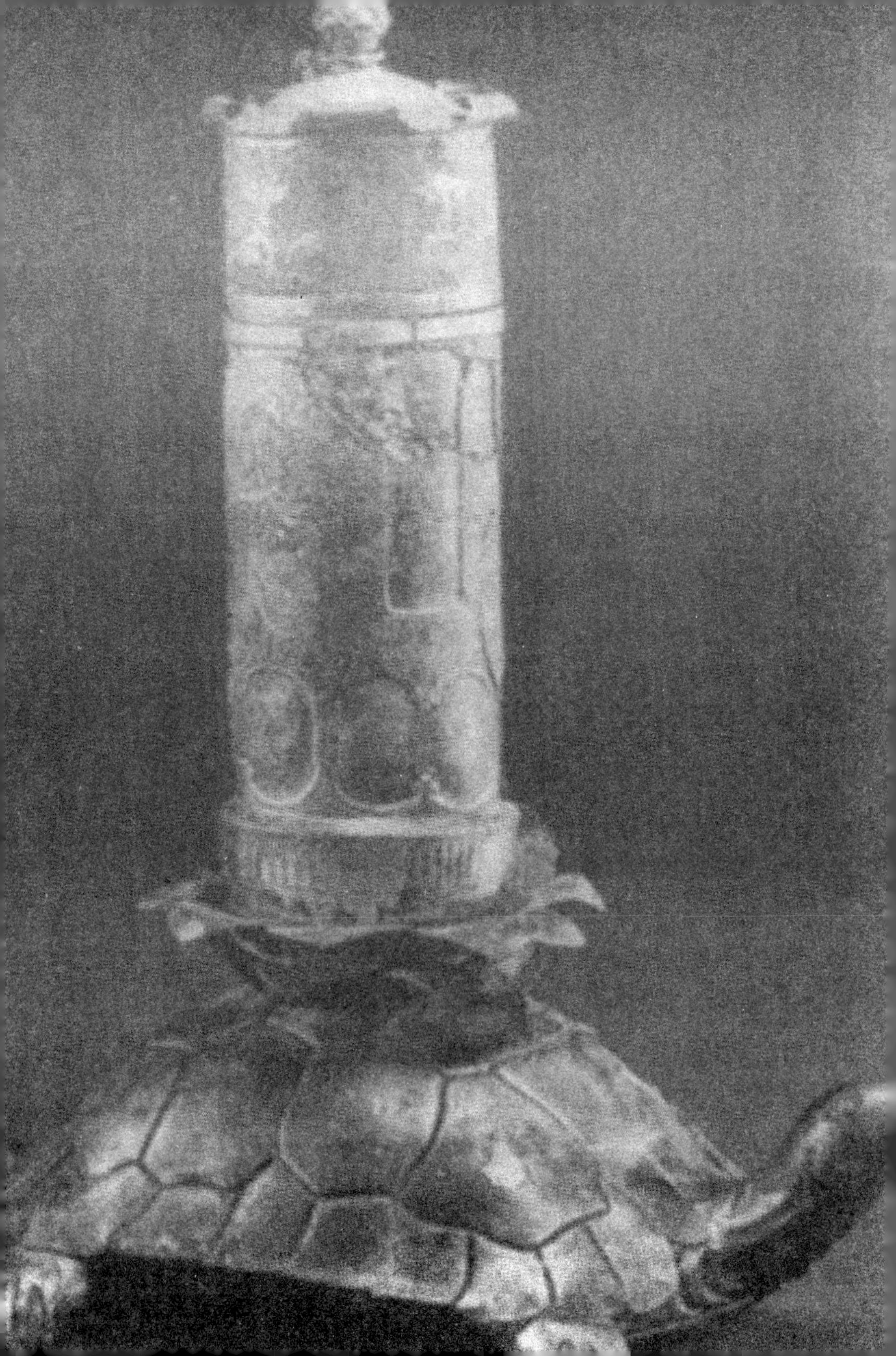

三 银器史

银马冠

（一）西周银器

中国银器的产生和发展经历了漫长的历史，银文化的发展历程又长又辉煌。据已经出土的银器可知，在西周时期，我们的祖先就开始使用银器了。

西周时期，中国已经掌握了金银平脱技术，金银平脱工艺是将金片或银片饰件用漆粘在器物上之后，再在器物表面上继续加涂漆液，有时要加涂数次，使漆形成一定的厚度，比饰件厚度稍厚一些。待漆干后，再将金饰片上的漆磨掉，露出饰件纹样，并使之与漆底平滑一致。

当时，曾有一件高 27.3 厘米，宽 29.9 厘米的银马冠，制作十分精美，可称为惊世之作。马冠是古代系在马额上的饰件，一般呈扇面形，上饰兽面，边缘多有孔穿，用以穿绳，以便缚在马头上。马冠主要流行于西周早期，多为铜质的。此马冠为银制品，实为难得。

这一时期的银器只是简单的银饰品，实际上就是打制的银片。但是，就是这种简单的银片，开创了中国银器制造的先河。

（二）春秋战国银器

春秋战国时期，社会变革带来了生产、生活领域中的重大变化，大量银器应运而生。银器的形制和种类日益增多，其中银器皿的出现十分引人注目。

从出土地点看，这一时期的银器分布区域明显扩大，在南方和北方都有发现。

从银器艺术特色和制作工艺上看，南北方差异较大，风格迥异。北方匈奴墓出土的大量银器充满了地方特色，如"战国银虎"一对，高7厘米，长11厘米，1957年于陕西省神木县纳林高兔村出土，现藏于陕西历史博物馆。其一作缓步行走状，头颅突出躯干之外，又宽又圆，向下触前

头盔

爪。小耳紧贴脑际，通体饰以凸棱纹，象征虎身上的斑纹。尾部有三个，颈部有一个规整的圆孔，为穿线用。其二方鼻圆头，两耳外撇，张口暴齿，臀部耸起，伫立前视，呈咆哮之态。颈短粗，躯体浑圆而空，四肢粗壮，爪趾发达，长尾垂地上卷。双肩及前肢饰斜条纹，尾、鼻装饰凸弦纹。这两只虎系浇铸成型，是匈奴金银工艺的代表作，它反映了匈奴人在辽阔的草原上与猛虎相争相斗的生活。

在中原地区的墓葬遗址中，陕西宝鸡益门村 2 号秦国墓葬、河南洛阳金村古墓、河南辉县固围村魏国墓地、河北平山县中山王

夜巡牌

墓都出土了银器。如夔龙纹镶金银泡饰，径9.3厘米，重86克，1978年于河北平山中山国王墓出土，现藏于河北省文物研究所。夔龙形似龙，是只有一足的爬行动物。

南方地区也出土了银器，如楚王银匜，高4.9厘米，口径11.8—12.5厘米，重100克，1949前出土于安徽寿县，现藏于故宫博物院。银匜为瓢形，无足，通体光素。匜流下面腹部刻有"楚王室客为之"六字，匜的外部底上刻有"室刻十"三字，笔画极精细秀丽。

又如银猿，高16.7厘米，发现于鲁国故址，现藏于山东省曲阜文物管理委员会。此为带钩上银饰件，猿一手高举，双眼镶以蓝

龙纹镶金泡饰

扎萨克银印

色琉璃，身上局部贴有金箔。银猿鼓起双腮，神态生动。银猿动作有力，生动活泼，突显了猿的性格特征。猿身贴饰曲线优美的金箔，典雅富丽，风格与北方少数民族地区的银器有较大差别。

战国时期的银制品除了前面提到的银器外，还有银牌饰、玺印、银空首布。内蒙古伊克昭盟伊金霍洛旗石灰沟匈奴墓曾出土虎噬鹿银牌饰、双虎纹银牌饰、银扣饰、刺猬形银饰件，与草原游牧民族同样题材的金牌饰风格一致，说明当时的人们在掌握了黄金提炼制作的同时，也掌握了提炼难度较高的白银制作工艺。战国古玺也有少量是用银制

银酒杯

银牌饰

银锭

秦始皇陵出土的铜马车上有不少银质零件

古代银器

银兽饰品

作的。

南北银器的大量涌现，是春秋战国时期社会急剧发展的证明。

(三) 秦代银器

秦代历时很短，但也有银器与装饰品。这时，中国银器进入快速发展时期，可以用铸造、焊接、掐丝、镶嵌、抛光等多种工艺制造出色彩艳丽、五光十色的器皿了。

1980 年冬，在秦始皇陵西侧 20 米处 7.8 米深的地下出土了两辆大型铜车马，相当于真车马的一半。其中二号车由大小 3462 个零部件组装而成，上面有青铜制件 1742 个，黄金制件 737 个，白银制件 983 个。其中银质

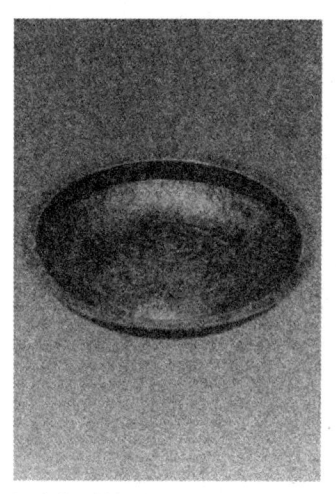

镏金龙凤纹银盘

的有银镳、银軎、银辖、银环、银泡、银项圈等，均系铸造成型。镳是马嚼子；軎是古代车上的零件，形如圆筒，套在车轴两端，上面有孔，用以穿辖；辖是插在轴端孔内也就是軎孔内的车键，使车轮不致脱落。

根据对这些银配件的研究已能证明，秦朝的银器制作已综合使用了铸造、焊接、掐丝、嵌铸、锉磨、抛光、多种机械连接及胶粘等工艺，而且达到了很高的水平。当时，秦人还掌握了刻花镏金等技术。

秦代银器还发现有镏金龙凤纹银盘，银质镏金，口径37厘米，底径21.1厘米，高5.5厘米，重1705克，于山东临淄西汉齐王刘襄墓陪葬坑中出土，现藏于山东省淄博市博物馆。

此盘直口，平沿，折腹，盘底向内微凹。纹饰錾刻镏金，内底饰三条蟠龙，其外阴刻四道弦纹，龙体盘曲，有足，上部作侧立形，龙首后扬，嘴大张，几乎成一百八十度；下半部似蟠坐状，相互卷曲缠绕。盘腹饰六组龙凤纹，夸张变形，构图复杂。直口及平沿处饰变体龙凤纹，抽象简略。眼部较具体，可辨识。口沿背面刻有铭文："三十三年左工□名吉七重六斤十二两廿一铢奇千三百廿

雕刻精美、镶有宝石的银壶

二□□六斤十三两二斗名东。"

此盘造型考究，制作精美。纹样布局独具匠心，从盘底开始向盘腹、直口及折沿展开，装饰面依次减小，纹样也渐趋抽象，使盘底的主纹成为视觉的中心，重点突出，节奏分明。

此盘纹饰錾刻精细，线条均匀流畅，仅纹样镏金，地则为银色，黄白相映，极富装饰感。这种装饰方法在唐代颇为流行，唐人称之为"金花银器"者，即源于此盘。

此盘以龙纹作主纹，与战国秦汉时期的阴阳五行学说有关。当时人认为朝代更替都是由上天按五行金、火、水、土、木相克的

雕刻精美的银盘

顺序安排的,只有在五行中占有一德的人才可以做天子,上天也会降下相应的符瑞。秦始皇欲代周而立,周为火德,根据五行学说,秦应占水德,但却迟迟没有符瑞降临。这时,有人对秦始皇说:"当年我大秦文公曾猎获一条黑龙,说明秦得天下的符瑞早在五百年前就已经出现了。"秦始皇闻言大喜,认为龙就是自己的象征。此盘铭文中有"三十三年"字样,秦始皇三十三年(公元前214年)是秦始皇统一中国的第八年。

古代银器

此盘在秦朝灭亡后，辗转流入汉朝齐王刘襄手中，齐王死后用以陪葬。此盘刻有铭文，十分珍贵。有人认为这件银盘上虽有秦工师刻款，但盘上另有战国时的铭文，应是三晋所制，为秦灭三晋时的战利品，并非秦代作品。如果此说成立，则此盘的年代就更要提前了。

秦代虽然短促，但其银器却丝毫也不逊色。

（四）汉代银器

汉王朝是充满朝气的大一统封建帝国，国力十分强盛。在汉代墓葬中出土的银器，无论是数量、品种，还是制作工艺，都远远

汉代银龟印

超过了先秦时代。

　　银器出现比金器要晚,到汉代时,银器的使用范围扩大了。容器时有发现,至于小件银器如银带钩、银指环、银钏、银铺首、银车马具等,数量就更多了。其中造型最新颖的是齐王墓陪葬坑中出土的一件带盖的银豆,盖与腹均装饰花瓣形凸泡。这种以凸泡组成的花纹在中国非常罕见,然而在古波斯阿契美尼德王朝的银器上却屡见不鲜,应该是受到了西方的影响。这个银豆高 11 厘米,口径 11.4 厘米,足径 6.2 厘米,浅腹,平底下接铜制高圈足,盖弧形,上面有三个铜制

银豆

青铜豆

兽形钮。器身及盖面均锤出两圈尖瓣状凸泡，交错排列。除尖瓣状凸泡外，不再装饰其他纹样。尖瓣隆起较高，通过光线的折射，可显出银器的高贵与华丽。

豆是我国商周时期常见的器形，为盛放调味品的器皿，质料有陶、漆、竹木以及青铜等。青铜豆出现于商代晚期，盛行于春秋战国时期，银豆则较为少见。广州南越王墓曾出土一件银豆，与此豆造型、纹饰均极相似。此器造型酷似有盖高足青铜豆，但纹饰却很独特，前所未见。以锤打出凸起花纹的技法不是我国传统的银器装饰方法，而在波斯则极为常见。

西汉银女坐俑

如窦氏银匜,高 12.5 厘米,通长 32.5 厘米,身长 25.5 厘米,宽 20 厘米,重 1.4 千克,1952 年于陕西西安青门村西汉墓出土,现藏于中国历史博物馆。此匜长流,方折,平底,腹内下层及底浅刻动物纹,腹内中层及腹外为流云纹。此匜具有珍贵的史料价值和高度的工艺价值。

又如银女坐俑,22.6 厘米 ×9.5 厘米。此俑坐在方形底板上,膝前有圆形筒,参考各地出土的同类遗物,可知此俑双手原握有灯杆之类的器物,灯杆下端插入圆筒内。坐俑与圆筒组成承受其他物体的底座,如湖北省曾出土以人体作支柱的编钟架,河南、河北等地也都曾出土人形灯底座。银俑的坐式古称"跽",不同于蹲坐和箕踞,在汉代较为流行,表示庄重,

汉代镶玉银龙凤纹腰牌

被视为合乎礼制的坐法。银俑发髻上绾,身着多层交领广袖长衣,全身比例适度。俑多为陶质,铜俑、铅俑尚不多见,而此俑为银制品,堪称罕见之宝。

汉代除继续用包、镶、镀、错等方法将银用于装饰铜器和铁器外,还将银制成泥屑,用于漆器和丝织物上,以增强富丽感。其工艺逐渐发展成熟,最终脱离青铜工艺的传统技术,走上了独立发展的道路。这就使汉代银器的形制、纹饰以及色彩更加精巧玲珑,富丽多姿,并为以后银器的发展繁荣奠定了基础。

(五)三国魏晋南北朝银器

三国魏晋南北朝时期,社会动乱,朝代

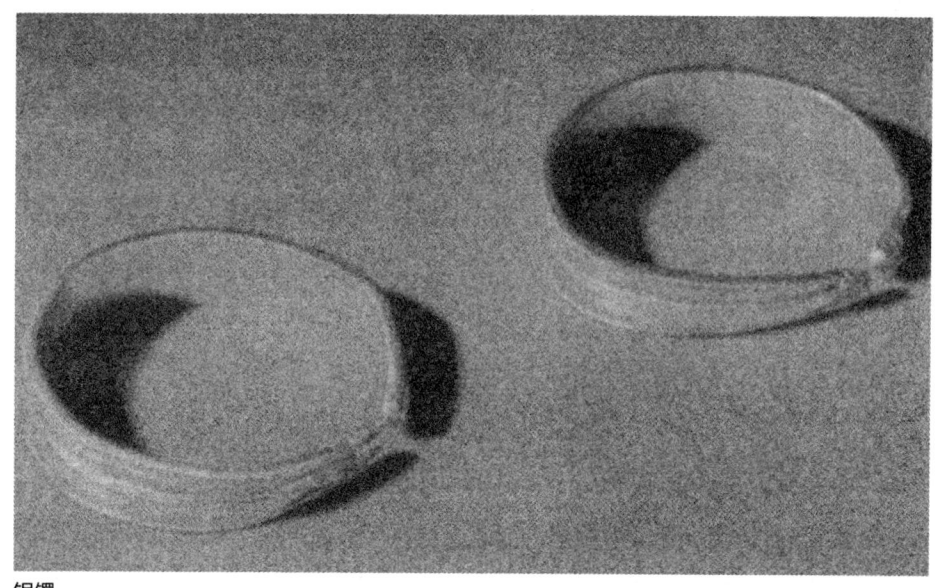

银镯

更替频繁,社会经济遭受了严重的破坏。但是,由于各民族在长期共存的生活中逐渐融合,对外交流进一步扩大,加之佛教及其艺术广为传播,使这个时期的文化艺术得到了空前的发展。这一切在银器的形制和纹样的发展中也打上了明显的烙印。从考古发掘的情况看,这个时期的银器数量较多。银器的社会功能进一步扩大,制作技术更加娴熟,器型、图案也不断创新。

北方在曹魏时期安阳大司空砖室墓中发现了银镯、银丝指环。这一时期还发现了重要的银印,如三国武猛校尉印,印面2.5厘米

×2.5厘米，通高2.7厘米，龟钮，印文为篆体。武猛校尉为武官名，始见于汉末三国之际，晋代沿置。银质官印实物较为少见，此印铸造精良，是这一时期官印中的精品。

北京顺义县大营村西晋墓出土了银手镯、银戒指、银臂钏、银指环、银发钗等，是北方西晋墓出土金银饰物最多的墓葬。

这一时期，中原大乱，南方相对安定一些，社会经济有了较大的发展。因此，南方银器和饰物较多。湖北鄂城西山铁矿工地吴墓曾出土银项链、银唾盂等，广州市孜岗晋墓也发现了银镯、银戒指、银钗、银耳挖、银顶针等。江西南昌吴景帝永安六年(263年)墓、江苏镇江高淳及江西新干酒厂西晋墓，都出土过银镯、银环、银发簪等首饰。

关于东晋时期的银器，元帝永昌元年(322年)王廙墓曾发现银钗、银簪等饰物。发现最多的是南京郭家山一座东晋早期墓，出土有银铺首、银柿蒂、银兽蹄、小银环等。江苏南京汽轮电机厂、曹后村东晋墓也曾发现银铺首、银梳背、银环、银镯、银钗等。

银簪

河北赞皇东魏司空李希宗夫妇墓出土银杯一件，高3.4厘米，口径9.2厘米，足径3.5厘米，敞口，浅腹，圈足。杯壁装饰面划为"S"瓣，形似莲花，有很高的工艺水平，现藏于正定县文物保管所。

宁夏固原北周李贤夫妇墓发现了银提梁壶、银熨斗、银剪刀、银镊子、银钵、银勺、银筷子等。其中最值得注意的是，墓内出土的一件鎏金刻花银壶，长颈，鸭嘴状流，上腹细长，下腹圆胆状，单把，高圈足，把顶铸一深目高鼻胡人，壶颈、足等处有三周联珠纹饰。壶颈相接处焊一周十三个突起的圆珠，形成一圈联珠纹饰；壶腹与高圈足座相

刻花银碗

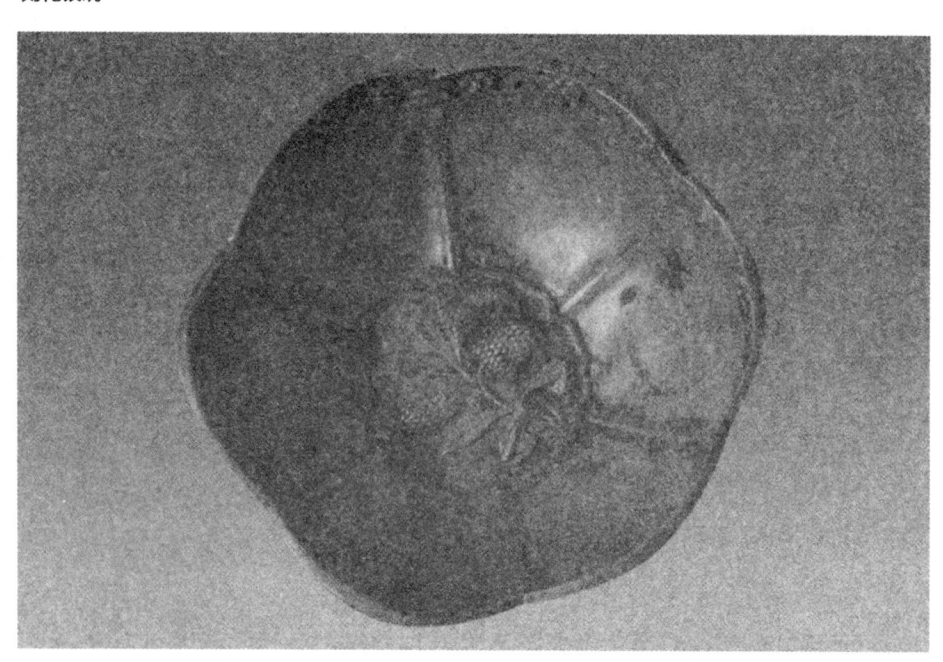

银质人面兽摆件

接处也焊一周十一个突起的圆珠，又形成一圈联珠纹饰；足座下部再饰一周由二十个突起的圆珠组成的联珠纹饰。壶腹部浮雕一周胡人图像，为三组相对的男女。第一组为战士出征前夜闺房情恋场面；第二组为次日早晨告别的场面；第三组为女子向战士祝福的场面。纹饰、图像有浓郁的罗马风格。这三组图案的人物头发、衣纹用细线刻画，线条简练流畅，衣物紧贴身上，显得极薄。从西方输入的类似金银器，最早发现于山西大同北魏窖藏中，其中海兽纹曲沿银洗、鎏金刻花银碗的造型和植物花纹、人物装饰等，都有西亚特色。

魏晋南北朝时期银器的特点是以饰物为主，容器少见；从中亚、西亚输入的银器及装饰物数量颇丰；西方的形制或制作工艺在这一时期的饰物与容器上都有反映。

这一历史时期的银器对唐代银器的风格有较强的影响。

（六）唐代银器

历史的车轮前进到唐代，银器制造工艺也随之有了重大的发展，银器制造业日益兴盛起来。唐代银器品种齐全，可以分为茶具、

唐代银盒

法器、盥洗器、食器、饰件、药具、饮器和杂器等，代表了银器工艺的最高水平。唐代银器工艺极其复杂精细，已广泛使用了锤击、浇铸、焊接、切削、抛光、铆、镀、錾刻、镂空等工艺。

唐人对银的崇拜与追求达到了狂热的程度。银器的实用功能与其特殊的审美价值，以及银这种贵金属的本身价值被人们所认可。统治者深信汉代方士们的说法，认为银器可以使人延年益寿，因而不但皇家在日常生活中使用银器，各级官吏也纷纷收集和使用银器。于是，地方官刮起了进奉银器之风，皇

曾有数位皇帝亲自赏赐银器给法门寺住持

银芙蕖

帝也将银器赏赐给有功之臣,甚至赏给寺院。如陕西法门寺是唐代著名寺院,曾有数位皇帝亲自赏赐银器给寺中住持,各级官吏也竞相效仿。这样,银器的地位大大提高,银器成了人们的宠物。如银芙蕖就是唐懿宗咸通十四年(873年)赐给法门寺的供佛具,即十大供养之一的"花"供养。此银器高41厘米,重535克,1987年于陕西省扶风县法门寺地宫出土,现藏于法门寺博物馆。莲花是我国传统花卉,古名芙蕖或芙蓉,现称荷花,春秋战国时已用于饰纹。自佛教传入我国后,莲花成为佛教标志,佛教将莲花视为圣洁、吉祥的象征。银芙蕖层层堆旋,形象逼真。又如鎏金仰莲瓣荷叶圈足银碗,是都虞侯兼押衙监察御使安淑奉献给佛真身的供养器,通高8厘米,口径16厘米,足径1.2厘米,总重223克,1987年于扶风县法门寺地宫出土,现藏于法门寺博物馆。十大供养为十种供佛之物,有花、香、璎珞、末香、涂香、烧香、缯盖、幢幡、衣服、伎乐等。

此碗为模冲成型,纹饰鎏金;碗壁模冲呈两层莲瓣,错列排置,瓣尖形成口沿;圈足为翻卷荷叶;内足壁墨书"吼"字,系密教咒语。

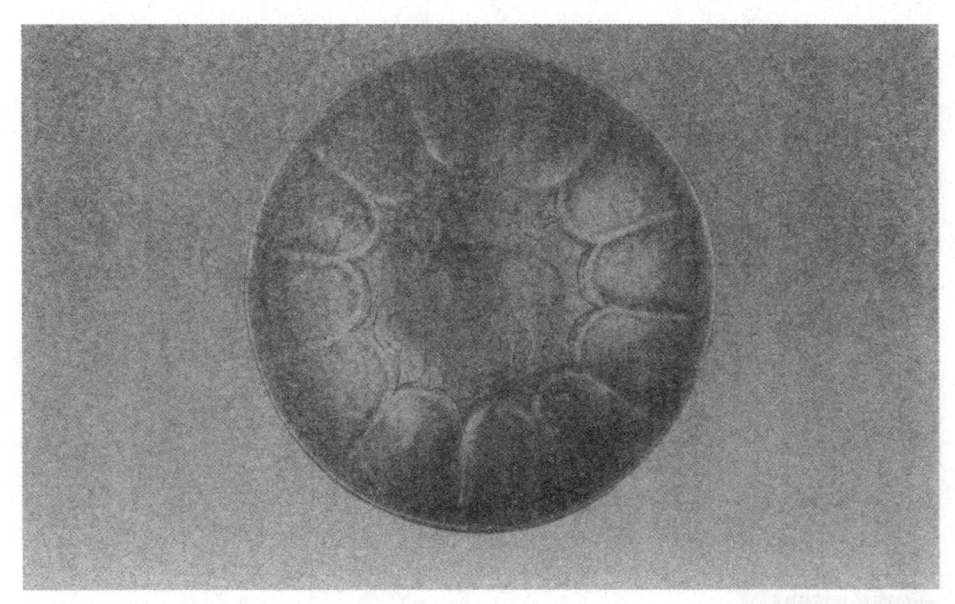

唐代鹿纹十二瓣银碗

唐代银器经历了不同的发展阶段：

初唐到唐高宗时期（618—683年），银器品种不多，有壶、杯、碗、盘、铛等。棱形器物是这个时期的重要特征。装饰特点是划分出许多区来配纹饰，装饰区多在9瓣以上，甚至有14瓣的。这些区多錾刻成U形或S形。这一时期的银器深受外来因素影响，如素面带把银觚，通高9.5厘米，口径9厘米，足径7厘米，1970年于西安市南郊何家村出土，现藏于陕西历史博物馆。此觚纹饰受粟特银器影响，锤击成型，口微侈，束颈，圆鼓腹，圆底，圈足外撇。腹部焊有一环形把柄，杯把上部有指垫，下带指鋬。

银器史

仕女狩猎八瓣银杯

这件银瓿虽然通体光素无纹,但其别致的造型和浓郁的异域风格,反映了当时中西文化交流的情况。

武则天到唐玄宗时期(684—755年),银器品种增多,12瓣以上的装饰分区法已被淘汰,大量采用六等分、八等分来配置纹样,装饰瓣多为莲瓣形,并且多为双层叠瓣,"U"形瓣已极少见,"S"形瓣不再出现了。

从唐初到玄宗时期,银器受西方影响较大,同时也渐渐开始中国化,外来因素逐渐减少和消失。高足杯、带把杯、折棱碗、五曲以上的多曲银器和器身呈凸凹变化的银器很流行。银器纹饰有忍冬纹、葡萄纹、连珠纹、宝相花纹、禽兽纹和狩猎纹。

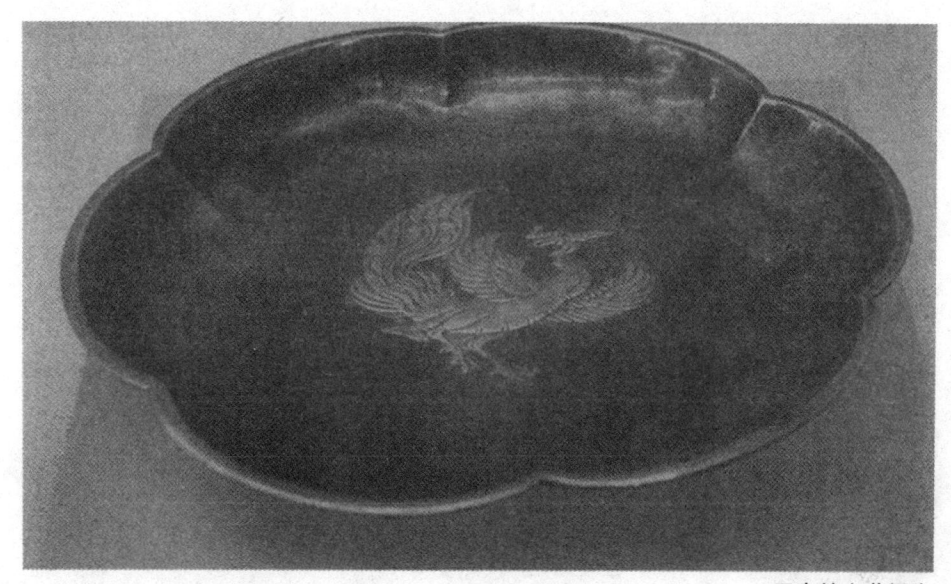

凤鸟纹六曲银盘

仕女狩猎纹八瓣银杯，高5.1厘米，口径9.1厘米，足径3.8厘米，重209克，1970年于西安市何家村出土，现藏于陕西历史博物馆。

此杯平沿，喇叭形八棱圈足，杯身一侧有中亚粟特式圆形环柄和如意云头状平錾，环柄下端有勾尾。杯身为八瓣花形，腹下部模冲出八瓣仰莲以托杯身。造型奇特，厚重中透着俊秀。这只银杯是中西结合的产物，上面的仕女纹饰属于明显的中国特色。

肃宗到宪宗时期（756—820年），装饰手法多采用多重结构为主的六等分区法，盘类多附三足，出现仿生器形，即仿照动物的造型。已不见高足杯、带把杯和多曲长杯。如凤鸟纹六曲银盘便采用了六等分区法，高1.5厘米，

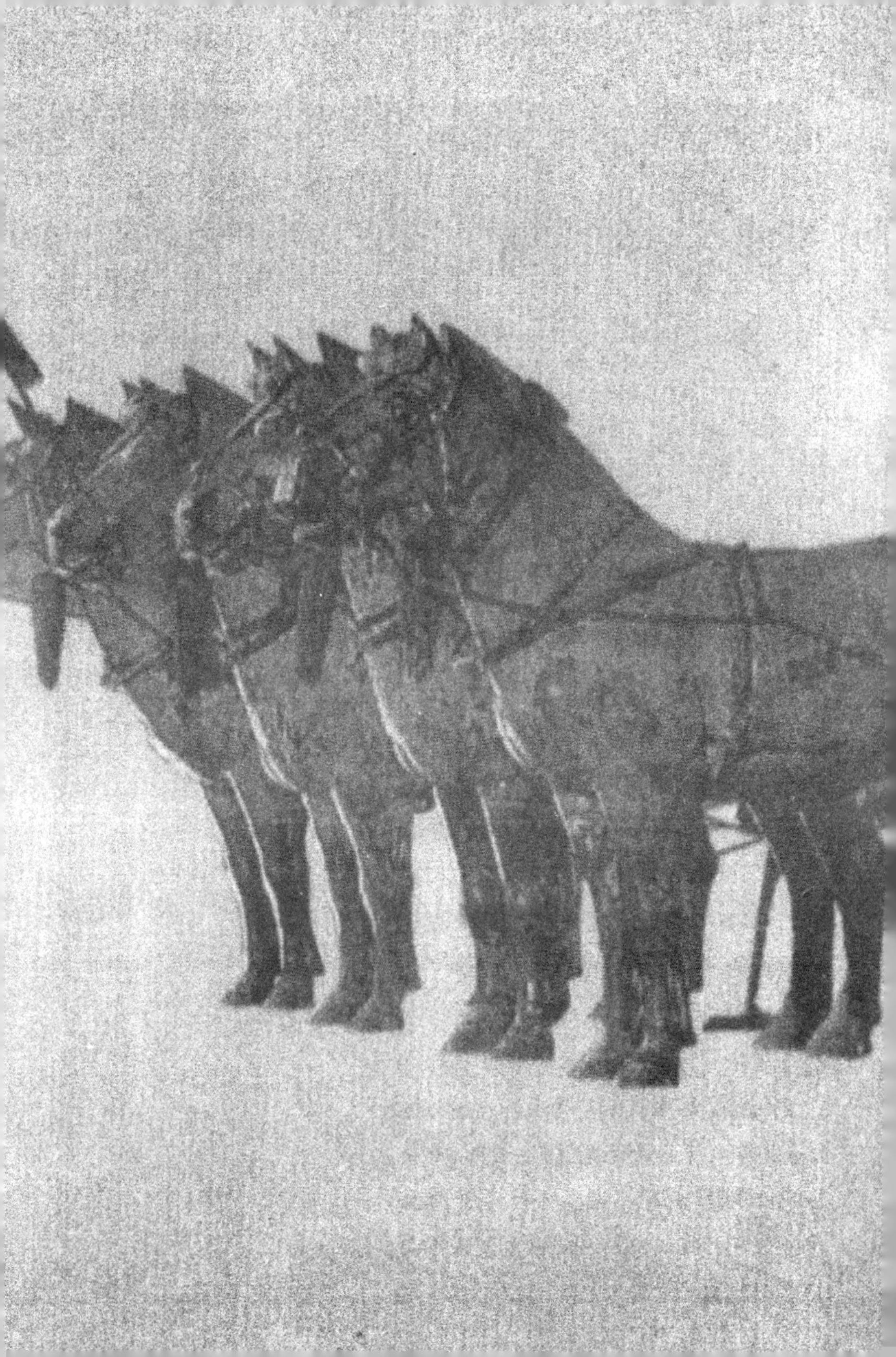

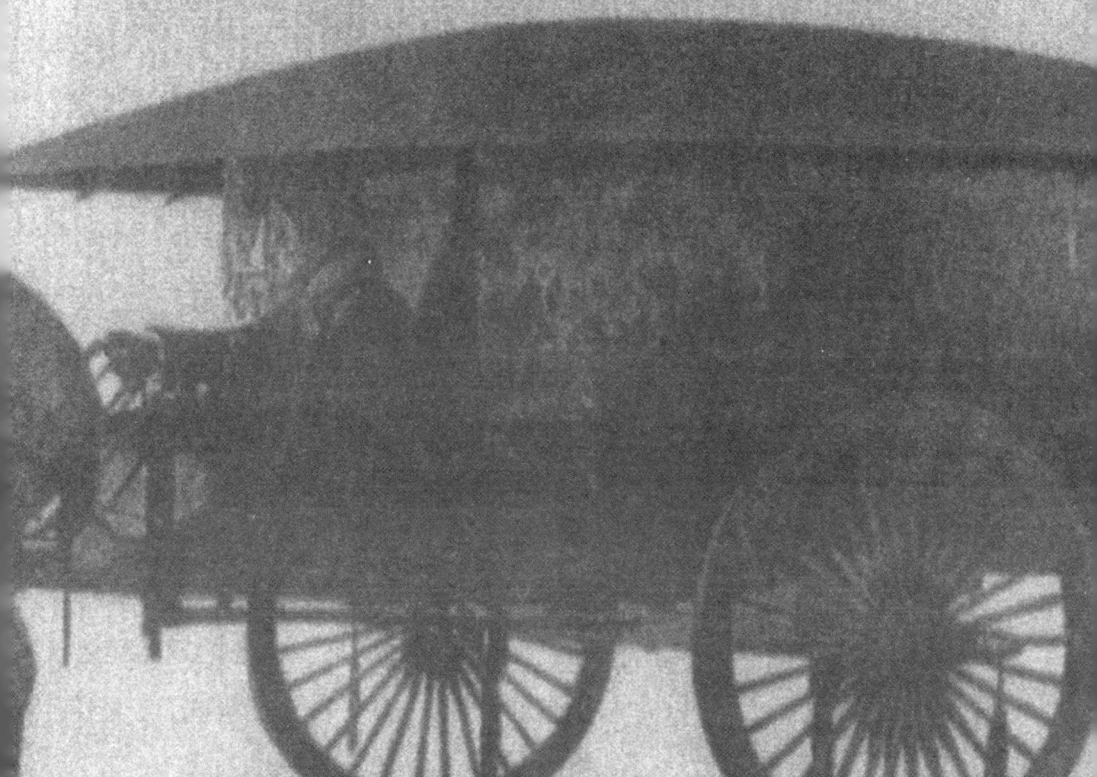

唐代鎏金神兽宝相花纹银盒

口径16.3厘米,1970年于西安市何家村出土,现藏于陕西历史博物馆。

此盘窄平折沿,浅腹平底,盘呈六曲葵花状。锤击成型,纹饰涂金,并在盘心冲出振翅欲飞的凤鸟。金色的凤鸟配上银色的盘底,一黄一白互相辉映,造型可爱。

穆宗到唐末(821—907年),器形种类大增,盒、碗类器物出现高圈足,仿生器形更多了,开始流行四等分、五等分的分区手法。如鎏金鸳鸯团花纹银盆采用了四等分区法,直径46厘米,高145厘米,重6265克,1987年于扶风县法门寺地宫出土,现藏于法门寺博物馆。此盆浇铸成型,敞口,深腹,圈足。两侧配有提耳，通体錾饰花纹并涂金。盆壁自口沿至盆底竖凿四个凸棱，将整个盆壁分成四个区间，每个区间内图案相同，盆壁内外花纹如出一辙。盆底则锤打錾刻出一对嬉戏的鸳鸯和阔叶石榴组成的大团花，再衬以鱼子纹地，形成浅浮雕效果。此盆为佛诞节或佛成道日、盂兰盆会浴佛供佛之用，器型规整，制作精细，具有江南银器的典型风格。

浇铸是金属加工的一种方法，是在常压下将液态注入模具内，经聚合而固化成型，变成与模具内腔形状相同的制品。浇铸成型

唐代镏金神兽宝相花纹银盒

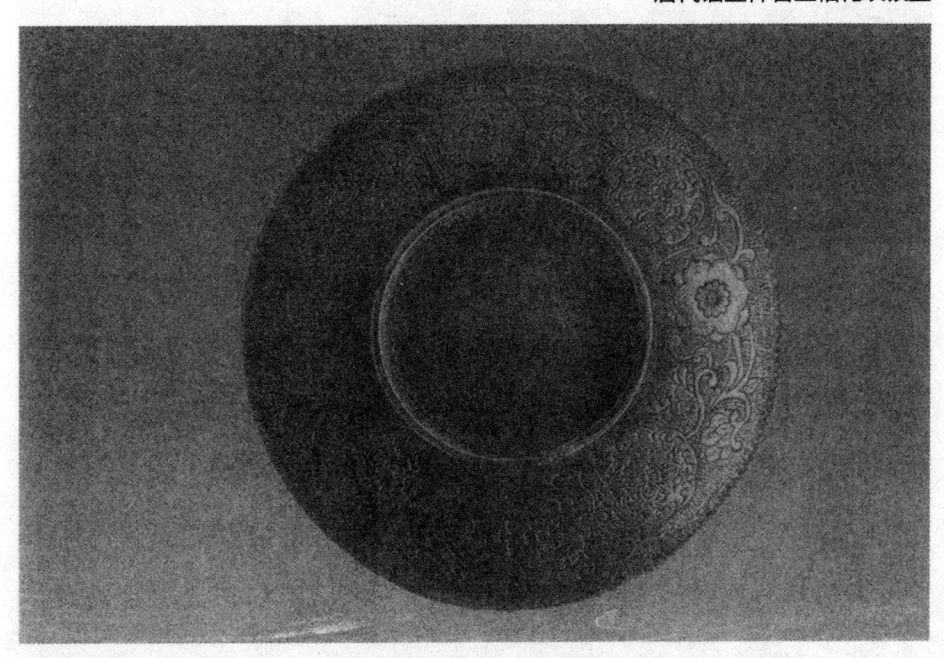

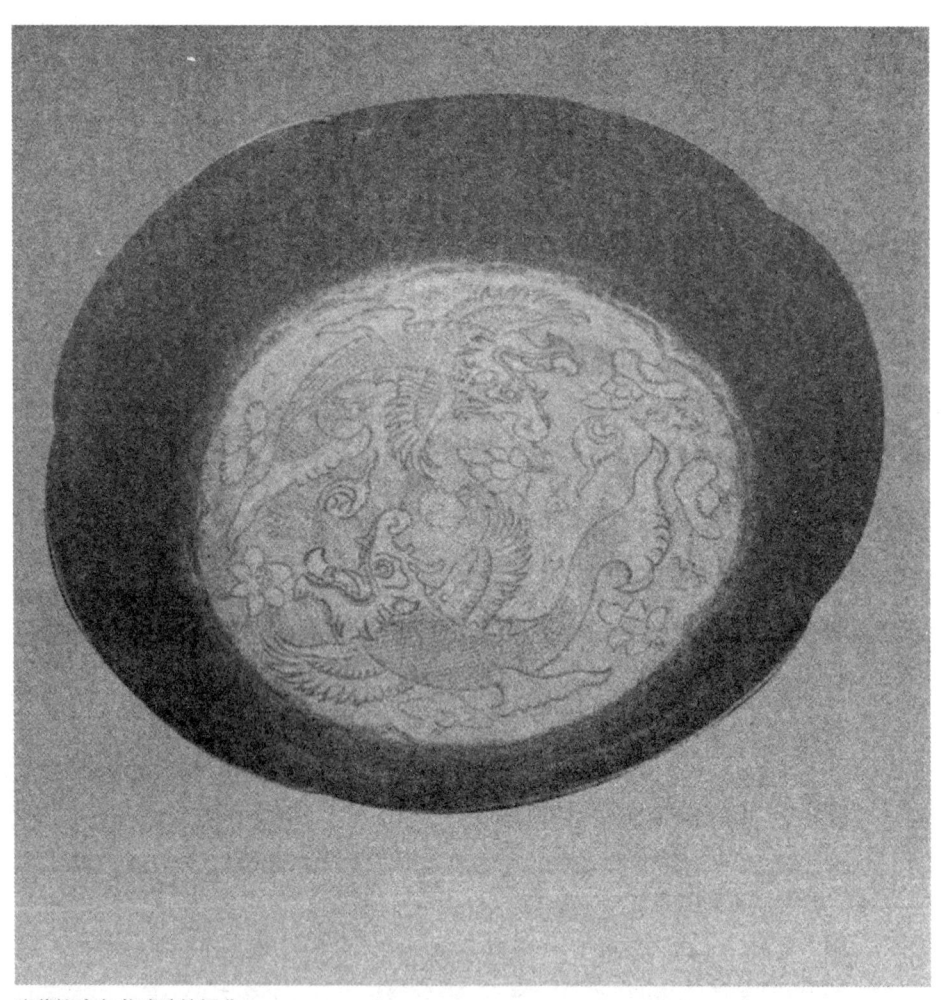

唐代鎏金鱼龙戏珠纹银盆

一般不施加压力,对设备和模具的强度要求不高,对制品尺寸限制较小,制品中内应力也低。因此,生产投资较少,可制得性能优良的大型制件,成型后进行机械加工。

鱼子纹类似釉面出现的龟裂痕,即所谓开片。器物上人为的细小而密集的类似龟裂痕的饰纹叫鱼子纹。

古代银器

唐代是中国银器发展的鼎盛时期，全国有银作坊五十六处，主要产地有陕（今河南陕县）、宣（今安徽宣城）、润（今江苏镇江）、饶（今江西鄱阳）、衢（今浙江衢县）、信（今江西上饶）等州。当时银器生产分官作与行作两种，前者属官营作坊，后者为工匠作坊。银器品种极多，有碗、盘、杯、碟、盆、盒、壶、瓶、锅、匜以及熏炉、熏球等。唐代银器设计颇为巧妙，如1970年西安南郊何家村出土的石榴花结飞鸟葡萄纹银熏球，高4.5厘米，直径4.5厘米，链长5.25厘米，现藏于陕西历史博物馆。此器钣金成型，通体镂空，上下半球体以铰链连接，铰链之相对处

唐代银器设计得十分巧妙

设有小勾,用以控制球体开合。球内有一盛香料的小盂,用套环与球体相连,方法是在其盖顶上部铆有环钮,置有长链,球体内之香盂用短轴铆接,内外环随之转动而香盂的重心始终在下,因而保持香盂处在平衡状态。不论球体如何转动,盂内香料都不会洒出。这种持平环装置,完全符合现代航空、航海技术中使用的陀螺仪原理。

唐代银器是中国银器史上的第一座高峰。银光熠熠的银器,成为唐王朝富丽堂皇、灿烂辉煌的标志之一。

唐代镏金双凤纹大银盒

（七）宋代银器

宋代银器业很发达，银器形体比唐代小巧，又轻又薄，纹饰风格趋于写实，并出现了錾刻诗文等题材的银器。宋朝由于经济发达，银器走进了民间。虽然有相当多的银器仍为统治者专用，但在百姓的日常生活中也出现了银器。

宋代金器多为装饰品，而银器则多为生活和宗教用品。如净众院塔基鎏金银塔，通高36.3厘米，底径13.2厘米，重510克，1969年于河北定州城区净众院塔基地宫出土，现藏于定州市博物馆。此塔由基座、塔身、塔顶三部分组成。又如慧光塔塔基鎏金舍利

鎏金银塔

瓶银龛，通高10.1厘米，1966年于浙江瑞安慧光塔塔基出土，现藏于浙江省博物馆。瓶连束腰须弥座，与龛分制。

宋代随着城市的繁荣和商品经济的发展，各地银器制作行业十分兴盛，有铭款的银器显著增多，为宋代银器的一大特点，并对元、明、清的银器制作业产生了重大的影响。

宋代银器在唐代基础上不断创新，形成了具有鲜明时代特色的崭新风貌。虽不及唐代银器那样丰满富丽，然而却具有典雅秀美的独特风格。这种风格与宋代艺术的总体风格是一致的。宋代银器造型玲珑奇巧，新颖

宋代银质熏香炉

宋代八角刻花镏金银杯

雅致，多姿多彩。如南宋盛食器，镏金，通高7.1厘米，口径8.7厘米，重178克，1981年于江苏省溧阳平桥宋代窖藏出土，现藏于镇江市博物馆。

宋代银器的纹饰以清素淡雅为特色，洗练精纯。纹饰多以花鸟为主，并使丰富多彩的装饰纹样与变化多姿的器物造型巧妙结合，达到完美的统一。宋代纹饰的题材源于社会生活，具有很强的写实性和浓郁的生活气息。

宋代银制品多为酒器、茶具和装饰品。如镏金六瓣花式银杯，高4.8厘米，口径10厘米，重60.9克，现藏于镇江市博物馆。此

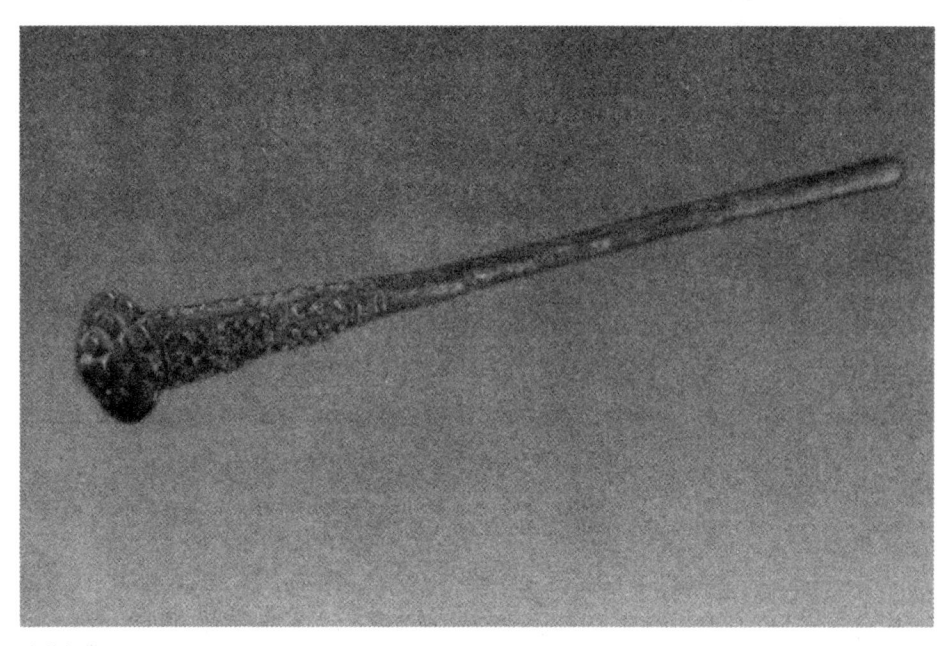

宋代银簪

银杯为酒器，镏金，形如栀子花。花瓣口呈六瓣，斜腹，喇叭形圈足。腹饰折枝栀子花，每瓣两朵，共十二朵。由器内锤，故器内为阴纹，器表呈阳纹。圈足边缘錾刻几何形纹带。

宋代银器制作工艺有了新的进展，器物设计巧妙，并在工艺上有所创新，出现了浮雕凸花工艺。如镏金龙纹银簪，长19.5厘米，宽2.2厘米，重11克，1983年于浙江永嘉下嵊宋代窖藏出土，现藏于永嘉县文化馆。此银簪以镂空缠枝细花衬地，边沿浅刻细珠纹，中间压印一条凸龙，龙腾空而起，直逼火珠。

龙爪反卷，锐利有锋。龙的颈、腹、尾部分别錾刻一朵菊花。整个造型玲珑剔透，精美绝伦，反映了宋代银器制作工艺的高度水平。

与宋朝并立的辽、金、西夏、大理等国，其银器也有较多发现，做工和形制都不同程度地受到唐宋银器的影响，同时又具有浓厚的地方民族特色，使这一时期的银器展现出异彩纷呈的景象。如鎏金花鸟镂空银冠，辽国银器，通高30厘米，口径19.5厘米，1986年于内蒙古哲里木盟奈曼旗青龙山辽陈国公主与驸马合葬墓出土，现藏于内蒙古自治区文物考古研究所。冠顶呈圆形，两侧有立翅，上宽下窄，各向外敞。又如鎏金凤纹

鎏金花鸟镂空银冠

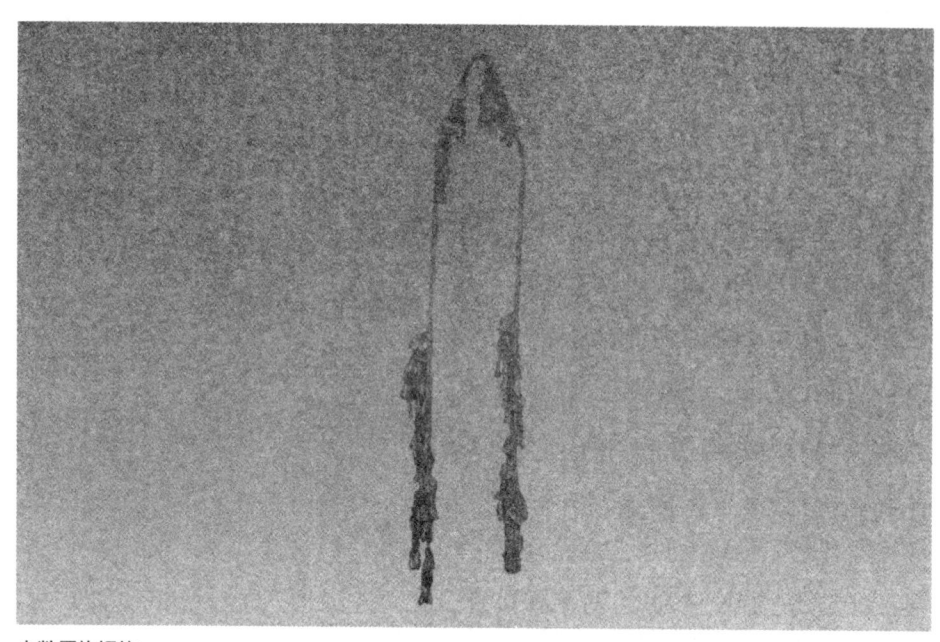

少数民族银饰

银靴，辽国银器，高34厘米，底长32厘米，宽4.5—8.5厘米，1986年于内蒙古哲里木盟奈曼旗青龙山辽陈国公主与驸马合葬墓出土，现藏于内蒙古文物考古研究所。此靴用薄银片制成，连接部分用银丝缀合，由靴筒、靴帮、靴底三部分组成。靴靿口为椭圆形，靴筒上宽下窄，外侧略呈扇形，靴头较尖，底细长，脚心微凹。靴筒、靴帮表面錾有凤鸟及云纹，鎏金。凤鸟展翅翱翔，栩栩如生。此靴为研究契丹习俗提供了重要的实物资料。

还有鎏金摩羯银壶，辽代银器，高34厘米，现藏于赤峰文物工作站。银壶锤成形，直口，颈细而直，壶盖直口折沿，从盖沿伸展出四瓣花状银片，盖面高隆，上有宝珠形钮，上接银链。肩部扁圆，壶腹先内收，至下部外展，略似束腰形。椭圆形平底，肩部有对称鸟形耳，以银环套接宽带式提梁。壶身饰摩羯，中有火焰宝珠。纹饰镏金，鱼子纹地。该壶纹饰精细，摩羯形象完整，结构清晰，造型别致，用两条摩羯组成壶身，以鱼的自然形态形成壶体鼓肩、束腰、底外撇的器形，将造型与纹饰完美地融为一体，构思巧妙。

摩羯源于印度神话，为河水之精，长鼻利齿，头有弯角，鱼身鱼尾，是印度造型艺术中常见的异兽。摩羯在唐代银器装饰纹样

唐代摩羯纹金鸡心佩

银铤

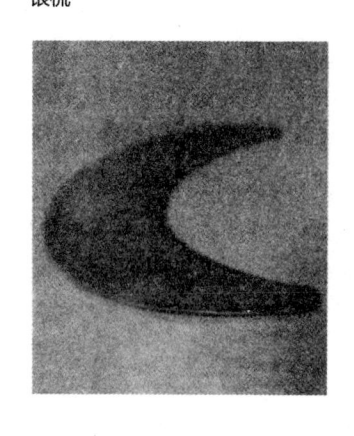

银梳

中经常出现,辽国银器继承唐代风格,也接受了摩羯纹,并将其扩大到更广的领域,如壁画、版画、铜器装饰等,还用于器物造型,如摩羯形灯等。此银壶以摩羯为造型的主要成分,是辽国前期深受唐代影响的作品。

截至1985年,哈尔滨已发现金国墓葬多处,特别是近年来被誉为塞北马王堆的金国齐王墓出土了大量银器,引起了人们极大的震惊和关注。

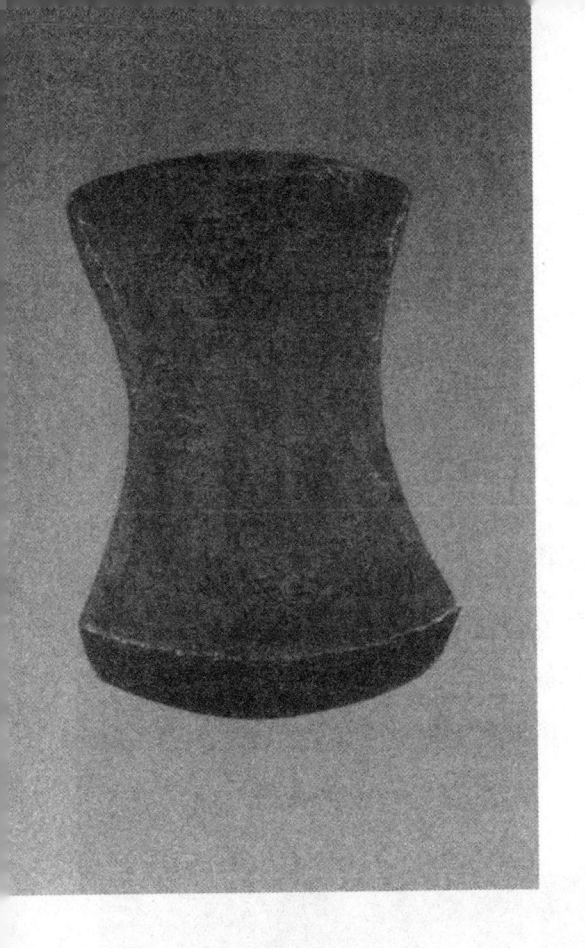

银锭

　　银铤，金国银器，长13.5厘米，腰宽6厘米，厚2.8厘米，重2016克。通体一平，弧首束腰型，中央微凹，正面四周有纹，刻有"仲伍拾两行人李真"铭文，中有花押，但已模糊难辨，四角都有"官"字款，背部布满蜂窝状气孔。古代银铤主要出现在唐、宋、金时期，因其形状类似猪肾，俗称"猪腰银"。常见形状有圆首束腰、平首束腰和弧首束腰。元、明以后的类似银块称为银锭或元宝。

银器史

在我国古代货币史上，各朝代银锭种类繁多，形制各异，用途广泛，不仅是中国古代货币的一个重要部分，更是一座蕴含着丰富历史和文化的宝库。我国是最早使用白银作为货币的国家。在汉代以前，银锭并没有以货币形式流通，而是较多地用于财政领域，或者是对外支付。到了宋金时期，由于商业的发展和铜钱的缺乏，白银作为货币在社会金融经济领域中发挥了重大的作用。当时在北方的金国，货币支付主要使用白银。因此，金国对用银制度影响较大。金国的银锭一般

银锭

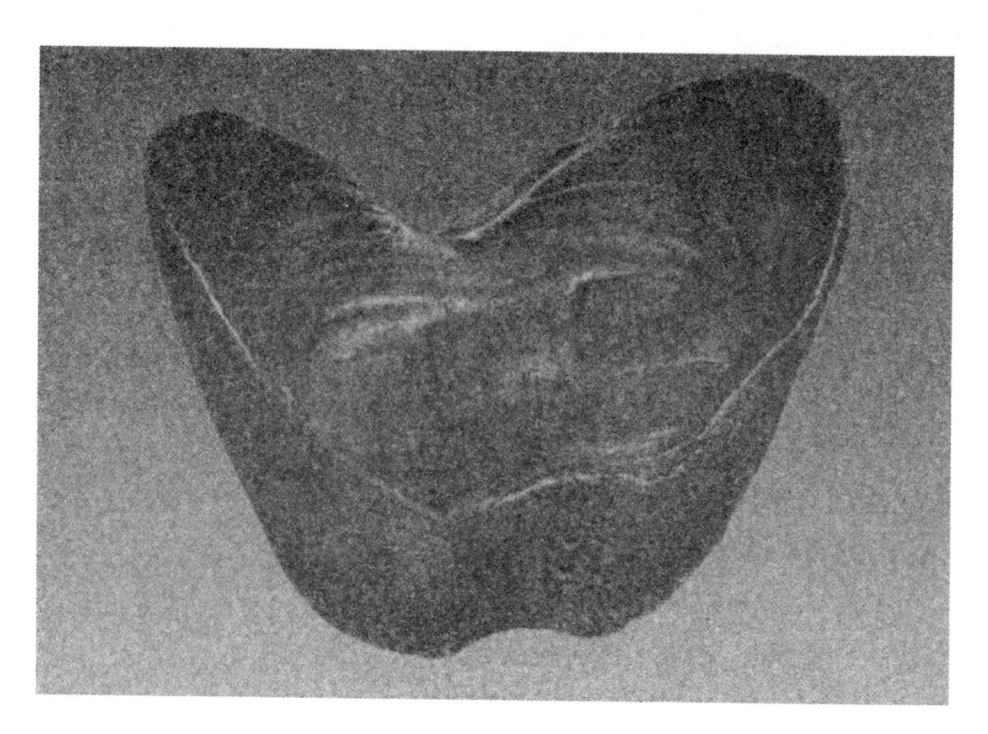

金代银铭牌

都錾刻"行人某某"的字样,"行人"是在铸造过程中对银锭的成色、重量负责的人,在以后的流通和收缴中,不必再次检验、称量。这样,既简化了手续,也促进了商业贸易的发展。金国的银锭和南宋的银锭器型基本是一致的,但金国银锭上一般都有一个花押,这是一种防伪手段,也是对这个银锭信誉的一个保证。金国银锭的花押多数是錾刻上去的,而南宋银锭的花押主要是打印上去的。

银器史

嵌松石银菊花饰

嵌松石银菊花饰，长4厘米，宽2.8厘米，重2.7克，1975年于宁夏银川西夏陵区6号陵出土，现藏于宁夏回族自治区博物馆。此饰件为西夏帽饰，表面鎏金，中间花蕊处镶嵌一颗绿松石，花心周围有连珠及卷草纹装饰。做工精细，反映了西夏银器制造已经有锻、压、镶嵌、鎏金、抛光等多方面的技术。

银镶珠金翅鸟，大理银器，通高18.5厘米，1978年于云南省大理市崇圣寺三塔主塔塔顶发现，现藏于云南省博物馆。金翅鸟昂首展翅，落于莲花座上。头顶装饰美丽的羽冠，尾羽展开呈火焰状。上嵌五颗水晶珠，精美异常。通体鎏金，雄健有力。

宋代银器在中国银器史上具有承前启后的

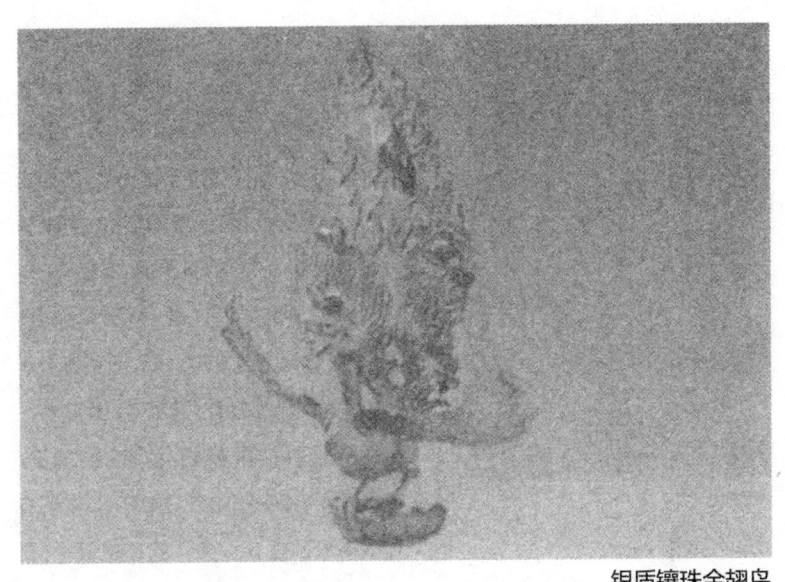

银质镶珠金翅鸟

作用,在银器史上占有重要的地位。

(八)元代银器

元代银器在宋代的基础上,其形制、品种都有进一步的发展,并形成了比较明显的时代风格。

从总体上看,元代银器与宋代相近似。银器品种除日用器皿和饰品外,陈设品增多了,如瓶、盒、樽、奁、架等。现以团花银奁为例,此银奁通高24.3厘米,口径16厘米,1964年于江苏省苏州市张士诚父母合葬墓出土,现藏于苏州市博物馆。此银奁呈六瓣海棠形,分三层,以子母口相合。上有盖,下附托盘,盖面饰牡丹纹。奁身有七组六面团花纹,每面錾一

元代银槎

朵或两朵，上下单双相间，有迎春、夏荷、秋葵、冬梅、灵芝、牡丹、芍药，均镏金。托盘錾点线蔓草纹一周。上层盛大小银柄黄棕刷、银剪刀、银刮舌、银镜各一件，内有黄绸粉扑及残存粉脂和红脂。内有带盖小银罐一件，盖下连有小勺，还有大小葵形银碟各一件。底层盛银梳、银篦、银剪刀、银脚刀各一件，银针四支，银小罐一件。梳妆用品多以双钩团花为饰，除三层底为焊接外，全用银皮锤而成，显示了元代银器制作技术的发展水平。

又如元代银镜架，通高 32.8 厘米，宽 17.8 厘米，1996 年于江苏省苏州市张士诚父母合葬墓出土，现藏于江苏省苏州市博物馆。镜架为折合式，分前后两个支架，结构略似交机。后架上部镂雕凤凰戏牡丹纹，中心的方框内浮起六瓣花形开光，饰圆月、流云和在神草中跳跃的玉兔，制造工艺十分精巧。框沿为如意式，顶端立雕流云葵花。中部分为三组，中雕团龙，左右二组对称，如窗式，透雕牡丹，四角有柿蒂形镂空。下部为支架。

铜镜为古人用以照着梳妆的一种青铜制品，历代铜镜铸造后都经打磨抛光处理，使其光可照人。为避免光洁的镜面被磨损，古

元代铜镜镜盖

人常用布帛作镜衣把铜镜包裹后,放在专用的容器内,如竹笥、漆奁、木匣、金属奁、瓷盒和镜箱等,这是古人置放铜镜的基本方式。而大型铜镜不便经常移动,通常就斜支在镜架上。平时给铜镜穿上镜套或盖上镜袱,即软帘。这种置镜方式最早见于元代,清代依然沿用。此镜架为银制,弥足珍贵。

元代大多数银器从造型纹饰看,很讲究造型,素面者较多,有纹饰者也大多比较洗练或只于局部点缀装饰而已。如银玉壶春瓶。

销金银质玉壶春瓶

银玉壶春瓶为酒器,现藏于内蒙古自治区博物馆。此瓶敞口侈沿,颈部稍长,斜肩至腹,下腹宽大,腹底急收,圈足略高。做工精细,虽素面无纹饰,却显得十分美观。此瓶具有盛酒和斟酒两重功能,是风行一时的酒器。

但是,元代某些银器也表现出一种纹饰华丽繁复的趋向,这种趋向对明以后银器风格的转变有重要影响。有的元代银器以玲珑俊俏的镂雕花纹为主,显示出精湛的装饰技巧。如江苏无锡南郊钱裕墓出土的镏金花瓣式银托盏最具特色。此银器通高5.8厘米,盏高5.5厘米,口径8.8厘米,托高1.5厘米,径18厘米。此银器用银片分别锤成花形盏及托盘，花瓣上阴刻折枝花卉纹饰，器表镏金，为元代银器中的上品。这套银托盏于1960年4月出土，现藏于江苏省无锡市博物馆。

元代统治者轻视汉人，尤其是南方的文人处于社会底层，没有出路，于是有很多文人沦为手艺人，这便使元代的银器充满了文人气。其中最为著名的银匠朱碧山

元代镏金银托盏

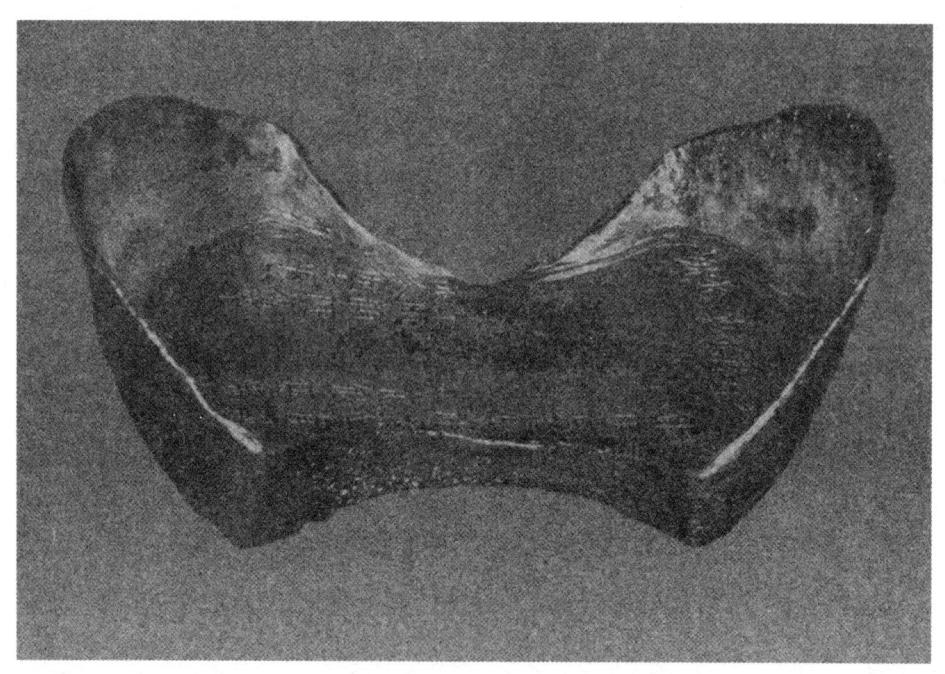

元代银锭

便是著名的文人兼金银工艺家,他制作的虾杯、蟹杯、龙槎杯等均为传世精品。朱碧山字华玉,室名长春堂,浙江嘉兴人,擅制酒器、茶具及案头陈设,所制器物多模拟水族、动植物、人物等,作品有虾杯、蟹杯、鼠啮四爪杯、灵芝杯、龙槎杯、达摩像、昭君像及金茶壶等。其中龙槎杯取材西晋张华《博物志》所载有人乘槎至天河遇织女的神话故事,构思巧妙,造型奇特,工艺精湛。此杯作老树杈状,周身饰桧柏纹理,瘿结错落,屈曲回绕,形似回首之龙。一道人坐于槎上,道冠云履,左手扶槎,右手执书作读书状。

槎及人身均用白银铸成，雕刻精细。道人的头、手、云履等部分是铸成后焊上去的。槎杯上有多处题款。正面槎尾刻"龙槎"二字。杯口下刻"贮玉液而自畅，泛银汉以凌虚，杜本题"行楷十五字。槎腹部刻"百杯狂李白，一醉老刘伶，知得酒中趣，方留世上名"楷书二十字。槎尾后部刻"至正乙酉，渭塘朱碧山造于东吴长春堂中，子孙保之"楷书二十一字，图章"华玉"二篆书款（至正乙酉为1345年。）此杯反映了朱碧山深厚的艺术修养和精湛的制银技艺，表现了元代银器工艺的高超技术水

元代银质杯

平与艺术水平。

（九）明代银器

明代银器制作日趋精细，除帝王用品外，民间用品也增多了。

元代银器生动古朴，如蟠桃银杯，1982年12月于湖南省通道县瓜地村出土，现藏于湖南省怀化地区文物工作队。此杯为饮酒器，口径7.6—7.7厘米。蟠桃为传说中的仙桃，吃了可长生不老。历代多以蟠桃寓意长寿，成为绘画题材中常见的吉祥图案。此说在明清时期颇为流行，在出土或传世文物中有不少桃形酒器。蟠桃银杯形状与桃形紫砂杯相似，以枝叶衬托桃杯，结合巧妙自然，既美观又实用，为不可多得的艺术珍品。又如云鹤纹银杯，模仿青铜器，古色古香。虽有纹饰，但朴素无华。

明代处于中国封建社会的后期，其银器制作渐改唐宋以来或丰满富丽、生机勃勃、或清秀典雅、意趣恬淡的风格，而渐趋华丽浓艳，宫廷气息越来越浓了。如银鼎，1982年12月于湖南省通道县瓜地村南明窖藏出土，现藏于湖南省怀化地区文物工作队。此鼎通高9.4厘米，口宽5.8厘米，腹深4.5厘米，

明代银指环

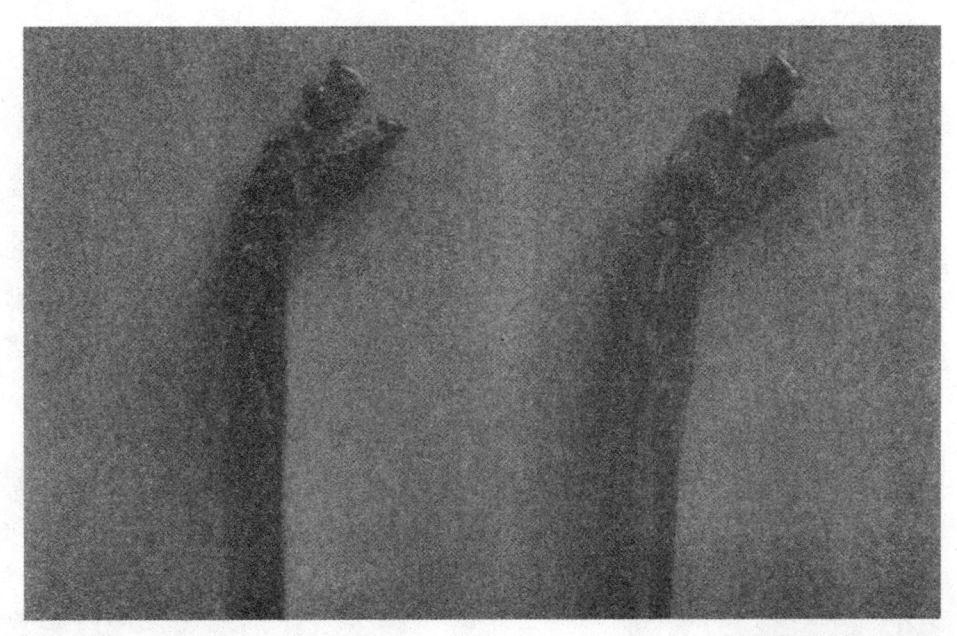

明代镏金银龙头发簪

流至尾长10.3厘米。造型仿青铜器，方唇，平沿，直口，浅腹，圆底，口沿有两个对称拱形耳，耳下腹侧各有一道锯齿形出脊，地有三夔形扁足，腹外壁錾刻云鹤纹。

明代银器上开始镶嵌珍珠、翡翠等宝石，更显高贵华丽。如镶宝石步摇大银钗，长22.5厘米，上面镶嵌绿松石、红宝石，图案为"三凤朝龙"，寓意吉祥。在明代银器纹饰中，龙凤形象或图案占有极为重要的位置。

与宋元相比，明代银器素面者渐少，大多纹饰结构趋向繁密，花纹通常布满器物周身。除细线錾刻外，也有不少浮雕类装饰，

银器史

明代银壶

对清代的银器有着不可忽略的影响。

如银镏金浮雕兽纹壶杯。壶和杯的身上都浮雕花鸟,壶钮为一蹲兽,前爪踩一球。

又如镏金银盘,高1厘米,长17.1厘米,宽13.4厘米,1958年7月于北京市定陵出土,现藏于北京市定陵博物馆。此盘为四出椭圆形,方唇,折沿,侈口,浅腹,平底。盘沿刻一周三角折线纹,内底刻一对麒麟衔缠枝纹。

明代银器更注重细节的雕饰

明代银器既继承了前代的古朴之风，又开创了清代银器的富贵浓艳之气。

（十）清代银器

清代银器品种很多，工艺多样，具有鲜明的时代特色。

清代银器有首饰、胸针、头饰、服饰、餐具、茶具、酒具、烟具、文具、灯具、罐、盒、盘、瓶、壁饰、摆件等。银器工艺有铸、锻、刻、镂、焊、编织、堆垒、镶嵌等。花丝以北京、四川成都为最著名，其中四川成都的银丝制品不用模具，全凭艺人用手将细如发的银丝运用填丝、垒丝、穿丝、搓丝等工艺制作出各种造型的器物，花色品种多达四百多个。上海和天津的银器是将熔化的银料碾轧成片后，用手工锤制成型，再将接缝及附件如碗底、杯把、壶嘴等焊接，然后通过錾刻、镂空、堆焊、镶嵌、垒丝等工艺，在器物表面加工出各种装饰纹样，最后进行打光或镀银；也有以素亮为主，只打光不加纹饰的。藏族和蒙古族使用银器较多。藏族的银器主要包括餐具、酒具、盘、盆、罐、酥油灯、净水壶、护身符、

清代银火镰

清代槟榔壳银兰酒杯

银塔、银帽等。蒙古族的银器主要有洗手壶、奶壶、碗、筷、罐等。

银首饰是许多少数民族妇女喜爱的饰品。

清宫有大量的银餐具和银炊具。康熙六十一年(1722年),广东向清廷贡奉的银器有茶壶、烛剪、墨汁罐、匣、文具、耳挖等。道光年间(1821—1850年),御膳房的金银用具多达三千余件。

清代银器工艺登上了银器史上的新高峰,皇家生活、祭祀、佛事、庆典、陈设等多用银器,如清雍正银提梁壶,通高10.2厘米,口径3.2厘米,壶扁圆形,鼓腹,平底,圆形盖,小短流。口上有弓身螭形小提梁,盖与口间有

清代提梁银壶

按钮相连,压下按钮才能开启。壶通体光素,洁净光亮,壶底正中竖刻篆书"大清雍正年制"六字款,款左侧竖刻篆体"矿银成造"四字铭文。造型小巧玲珑,螭形提梁形象生动,做工精湛。壶盖开关设计巧妙,不知者不能将盖打开。整个壶面虽无纹饰,但别具一格,是雍正一朝银器的成功作品。螭是传说中的无角龙,为龙九子之一,好勇。古代建筑或工艺品上常用它作装饰,檐翘起的部分都有它,称螭吻。

清代民间日常生活也离不开银器。这一时期民间银器制造业得到了空前的发展,银庄、银店、银楼、银铺遍地开花,或制造或买卖,一派兴旺景象。如洛阳大街上就有老凤祥、老天宝、德盛楼等多家金银首饰店,生意兴隆,常年不衰。民间多用银器,如银杯,用银杯盛牛奶,因含有微量的银离子,有抗菌保健作用,经常饮用,对消化道有益。

清代银器制作吸收了历代流传下来的优秀工艺,包括铸、锤、镂、掐、錾、嵌、焊、镀、镏等,抽拉出的银丝细如毛发,并创造了"平填"等精细加工工艺。清代银器融汇了民间、宫廷、少数民族及西方的制作工艺,从而使中国银器制作水平达到一个新的高度。

银店一角

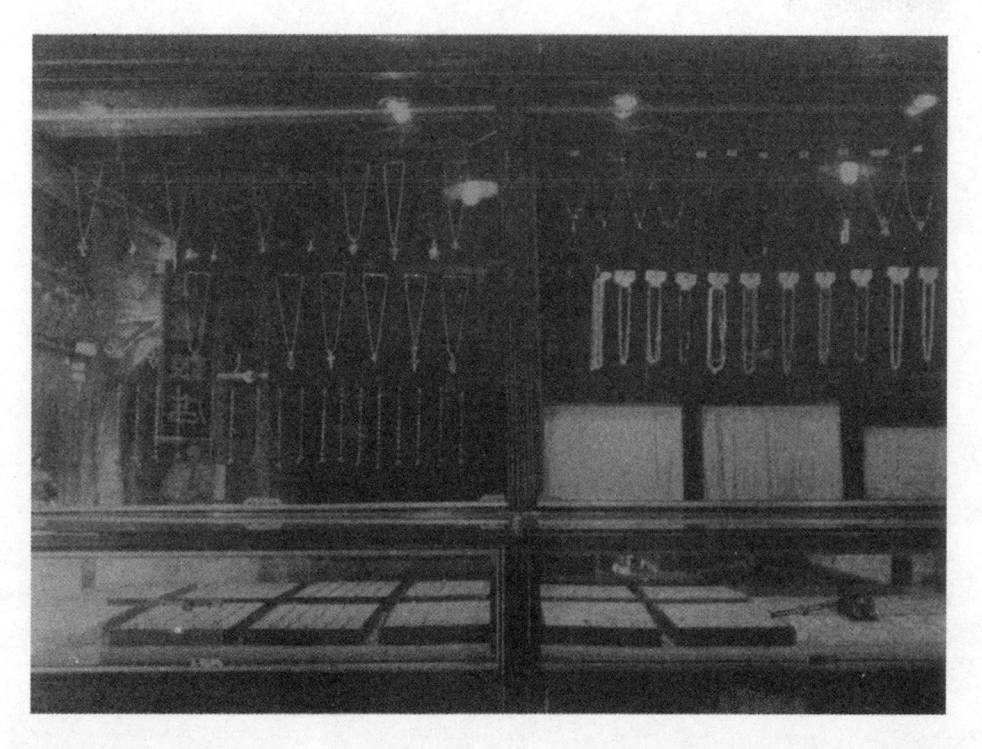

如银铸兽面门环，出自圆明园，现藏于中国历史博物馆。这对银环是清朝乾隆年间皇家造办处为圆明园特制的，环两侧各刻"乾隆造办处庚午年制"和"长春园玉玲珑馆陶嘉书屋"铭文。此环仿西周铜环制成，工艺精湛。

清代银器保留下来的极多，大部分为传世珍品。从风格上看，清代银器既有传统风格的继承，也有其他艺术、宗教及外来文化的影响。在继承和吸收古今中外文化营养的基础上，清代银器工艺获得了空前的发展。

银铸兽面活环门环

器物上多饰有精致的图案,用以表现吉祥的寓意

器物上多装饰精致的图案,用以表现吉祥寓意。如银寿字火锅,出自故宫,现藏于故宫博物院。此火锅高30厘米,直径32厘米,由锅、盖、烟囱、闭火盖组成,锅内带炉,可用于烧碳。火锅的闭火盖上雕有镂空卐字纹,锅体满布金银圆"寿"字、长"寿"字、蝙蝠纹等,寓福寿万年之意。此锅用料讲究,做工精细,造型完美,为清代晚期慈禧太后经常使用的火锅。

随着工艺的发展,银器上的题材也越来越丰富,装饰图案也越来越复杂,出现了花鸟鱼虫、人物故事等。

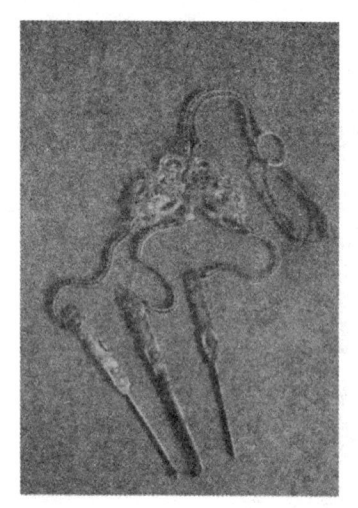

清代银饰

清代银器是在中国丰富多彩的文化土壤上产生并发展起来的,它从其他文化艺术领域中汲取营养,并形成了自己独特的风格。

清代银器的器型和纹饰变化很大,追求富丽华贵,绚丽多彩。器型多样化,纹饰繁密瑰丽,富丽堂皇,再加上加工精致的各色宝石的点缀搭配,整件器物更为色彩缤纷、金碧辉煌。清代银器的加工特点可用精、细二字概括。在器物的造型、纹饰、色彩调配上,均达到了炉火纯青的程度。

如银嵌珊瑚头饰,清代银器,为武官头盔。

盔形为中空的半球体,全部用累丝法编结成各种绳结纹、涡旋纹镶嵌在银片中,左右两边有护耳,用银丝穿插在头盔底圈的圆环上。护耳纹样与头部一致,后面有一垂饰,为护颈。头部四周及护耳均镶有多颗橙红色圆形或叶形珊瑚,做工精巧细腻,十分名贵。

清代的复合工艺也极发达。银器与珠玉、宝石、珐琅等结合,增添了器物的高贵与华美。

乾隆时期的银器,其制作工艺有范铸、锤、焊接、点翠等,并综合了突起、镂空等各种手法,还出现了在金银器上点烧透明珐琅、以金丝填烧珐琅的新工艺。如银鎏金嵌珐琅砚盒，盖面錾缠枝花卉，中间嵌一银片，以烧兰珐琅做出云龙戏珠纹饰，使整个砚盒显得富丽堂皇，代表了乾隆时期银器制造工艺的最高水平。砚盒长27.2厘米，宽22.1厘米，高22.5厘米。长方形，有盖，下有如意式小足八个，底部中央錾篆书"大清乾隆年制"六字款。此砚盒做工极精，盒中置一长方形银屉，屉上有两个方砚池。盒外壁内连一半圆形抽屉，可存放墨锭。

清代传世珍品中，有不少少数民族的银器，反映了当时少数民族的传统风俗与爱好，具有明显的地方色彩和浓郁的民族风格。如银累丝花瓶，清宫旧藏，现藏于故宫博物院。此瓶为银累丝花瓶，口径10.5厘米，底径9.8厘米，高17.1厘米。侈口、大肚、台足。用三种粗细不等的银丝累成：以甚粗的银方丝焊结为胎，用较粗的银圆丝累卷草图案，用细圆丝在轮廓外累卷须。口、胴呈十二棱形，每棱均为弧面，两棱相结处下陷，成三角沟状，与通常瓜棱式菊瓣处理手法有别。累丝卷草纹也与清皇家工艺品迥然不同。此瓶通身

清代银累丝花瓶

清代银元

累丝灵透,为清代回部工匠所制,代表了清代新疆少数民族银累丝工艺的水平及其地方风格。

在银器史上,清代银器是中国古代继盛唐之后的第二座高峰。

四 古代著名银器

银在自然界多以硫化银存在，不易提炼，其使用历史较金为晚。以银制器，始于春秋战国时期，所见实物有河南洛阳金村出土的战国晚期"甘孝子杯"，银质，椭圆形，两旁各有一耳，外表镏金，有铭文"甘孝子"三字。

银卧鹿，战国银器，通高8.5厘米，长10厘米，1957年于陕西省神木县纳林高兔村出土，现藏于神木县文化馆。共五件，三雌二雄，此为雄鹿之一。雄鹿昂首前视，两耳竖立，四肢屈曲作卧伏状。头部双角弯曲向后倾斜，分为五叉。长蹄尖出，状如柳叶。此鹿姿态雄健，形象鲜明，为匈奴银雕工艺之精品。

银卧鹿

西汉时期的银盒

秦右游银盒，通高12.1厘米，腹径14.8厘米，重572.6克。此盒子母扣，圆底，矮圈足外撇，盖的形制与器体的形制基本相同。盖上有三个小钮。盖沿和器沿均饰麦穗纹，盖上和器腹饰正反相错的浮雕状水滴纹。秦居关中，八百里秦川盛产麦子，故以麦穗为纹饰。秦占水德，以水为贵，故又以水滴为纹饰。盖上刻有铭文三处，共20字。圈足刻有铭文两处，字数已不可详辨。铭文释文为"□，一斤四两，右游，私官□，三斗大半"。

汉代称银为白金，除用作器物装饰外，也有好多银器，有碗、碟、盆以及银印等。如银盆，口径26.6厘米，现藏于获鹿县文物

古代著名银器

银盆

保管所。

　　此银盆通体无纹，折沿，直壁，盆腹下部内折成平底。此银盆简洁大方，毫无赘饰，光可鉴人。盆口折沿稍稍向上倾斜，便于端取。腹壁完全垂直，直到底部才以两个层次向内收缩，造成优美的体面与线条变化，优雅脱俗，养人眼目，冰清玉洁，令人眼前为之一亮。

　　银，汉代银器，高 19.5 厘米，直径 45.7 厘米，1994—1995 年狮子山汉墓出土。银平折沿，短直颈，两侧各有一环形耳，鼓腹平底。腹上阴刻"宦眷尚浴沐容一石一斗八升重廿一斤十两十朱第一御"。出土时，内盛有搓澡用的圆形搓石数个，漆木奁盒一件，漆笥一件。漆木奁已残朽，内有化妆用品。漆笥内装有植物的茎叶，还叠放一件浴巾。植物的茎叶是药浴所用的保健药材。

金银丝结条银笼子，唐代银器，通高15厘米，厚0.2厘米，长20厘米，重355克，1987年于扶风县法门寺地宫出土，现藏于法门寺博物馆。

唐代金银丝结条银笼子

此笼是装茶叶的器皿，状如鸟笼。笼子由上盖、提梁、笼体和足四部分组成，全用金银丝编织而成。丝径极细，纹样呈长六角形透空，孔眼似蜂房状。提梁用素银丝结为复层，系结于器身两端。盖体稍为隆起，盖与盖沿的交棱线为金丝盘旋成的连珠。盖中心为金银丝编成的浮屠状装饰物。器足由镏金银丝盘旋成三个旋圈套，状似兽爪，足上部有兽面装饰。此笼出土于法门寺地宫后室，是唐懿宗赐给法门寺的整套茶具中的一件，为晚唐宫廷茶具。

双环耳银锅，唐代银器，高13厘米，口径28.2厘米，1970年于西安市何家村出土，

唐代银骆驼

唐代银提梁壶

现藏于陕西历史博物馆。

此银锅平底侈口,腹部向外鼓出一圈圆台。锅唇部焊有与锅口平行的双耳,双耳上立有环状把手。通体素面无纹,锅体为锤击成型。

鎏金三钴杵纹阏伽瓶,唐代银器,高20.5厘米,腹径14厘米,1987年于扶风县法门寺地宫出土,现藏于法门寺博物馆。

阏伽瓶是坛场作法的阏伽法器之一,也称功德瓶。内盛净水,主要用于供诸尊洗涤烦恼陈垢,也可用来盛装供奉诸尊的其他宝物或插放花果枝条等。

此瓶颈饰如意云头纹,腹饰四个莲瓣纹

古代著名银器

阏伽瓶

圈成的四曲圆图。内饰十字三钴金刚杵纹，圆图之间以两周弦纹相接，腹下部饰一周八瓣仰莲。仰莲间立有三钴金刚杵。圈足呈喇叭形，上部一周半饰圆形凸棱，棱上饰柿蒂状双环纹，棱下为一周覆莲瓣，莲瓣间以倒竖的三钴金刚杵为饰。

佛学在修法上常用金刚杵。金刚杵分独钴金刚杵、三钴金刚杵、五钴金刚杵、七钴金刚杵、九钴金刚杵等五种，比喻人的修行程度。三钴金刚杵表喻三界真空：内空、性空、心空，也就是一切清净，空无挂碍。

镏金带钏面三钴杵纹银臂钏，唐代银器，钏面直径4.6厘米，钏面（戳高）2.8厘米，

唐代鎏金鱼化龙纹银盆

总重216.5克,1987年于扶风县法门寺地宫出土,现藏于法门寺博物馆。

此器铸造成型,经钣金、焊接制成。纹饰鎏金,以鱼子纹衬地。钏体作双弧状,椭圆形钏面,钏面凸出于环外呈圆戳状,外缘绕一周莲瓣,后缘饰一周流云纹,仰莲流云纹底上饰四出十字形三钴杵纹,也称羯磨金刚杵纹,十字交叉的中心部分凸成圆铸珠状。

鎏金四天王盝顶银宝函,唐代银器,高23.1厘米,重299克,1987年于扶风县法门寺地宫出土,现藏于法门寺博物馆。

此函正方形,盝顶,函体和函盖以铰链相连。盖面錾两只飞龙,张牙舞爪,栩栩如生,

古代著名银器

顶银宝函——置第一枚舍利之八重宝函的第二重

飞龙间有一火焰珠。四侧斜刹各錾双狮戏珠纹，底衬卷草。立面边栏则各饰两只人身阔尾形迦陵频伽鸟，一作双手合掌，一为双手捧莲。侍从除天龙部众外，还有唐代冠服的人物形象，说明密宗不仅为统治者所虔诚信奉，更与世俗文化紧密结合在一起。

盝顶为中国古代建筑的一种屋顶样式，顶部有四个正脊围成为平顶，下接庑殿顶。盝顶在金、元时期比较常用，元大都中很多房屋都为盝顶，明、清两代也有很多盝顶建筑。例如明代故宫的钦安殿、清代瀛台的翔鸾阁都是盝顶。

迦陵频伽为佛教中一种鸟神，传说生于雪山，在蛋壳中即能鸣叫，其音和雅，听者无厌，故名妙音鸟。

鎏金如来说法盝顶银宝函，唐代银器，高16.2厘米，边长14.8厘米，重1660克，1987年于扶风县法门寺地宫出土，现藏于法门寺博物馆。

此宝函为银质，钣金成型，通体錾饰花纹并涂金。函体正方形，盝顶，函体和函盖以铰链相连，前置锁钥，顶盖可以启合。盖面中心錾一枚宝轮，宝轮四侧的莲花上各有一只迦陵频伽鸟，或双手合十，或双手捧莲。

四角隅各立一枚三钴金刚铃，周边衬饰卷草，斜刹各錾两只凤鸟，立沿各饰两体飞天。宝轮喻示佛之轮圆俱足，也为释尊八相之初转法轮，即在鹿野苑向一起修行过的五比丘开始说法。函体四面皆錾有密教造像，学术价值远远超过艺术价值。

"敬晦进"折枝团花纹银碟，唐代银器，高3厘米，口径17厘米，底径11厘米，1958年于耀县柳林背阴村出土，现藏于陕西历史博物馆。

此碟银质，呈五曲莲瓣形，浅腹圈足，装饰面采用唐代晚期金银器流行的五等分

镏金折枝团花纹银碟

古代著名银器

法。盘心有一朵由四朵小簇花组成的团花，花心有一凤鸟，使团花显得丰满并具有立体感。内腹壁采用散点装饰法錾刻五簇小宝相花，花纹明朗。口沿饰仰莲瓣纹一周，外底刻方格纹并錾有"盐铁使臣敬晦进十二"九字。

镏金卧龟莲花纹银香炉，唐代银器，香炉高29.5厘米，炉台高10.8厘米，1987年于扶风法门寺地宫出土，现藏于法门寺博物馆。

香炉由炉盖、炉身组成，花纹涂金，炉盖呈覆钵形，盖沿宽平下折，恰与炉身口沿相扣合，沿面錾饰背分式忍冬纹并勒刻"一字号"三字。盖面高隆，底缘錾一周莲瓣，肩部分錾五朵莲花，莲花上各卧一龟，龟首反侧，口衔灵草，莲花间以花蔓缠绕。盖钮为火焰宝珠，以两重莲瓣承托，莲瓣凿空，可使香气外溢。

镏金春秋人物三足银罐，唐代银器，高5.8厘米，口径3.2厘米，腹围20厘米，1958年春于陕西耀县柳林背阴村出土，现藏于陕西历史博物馆。

此罐腹圆而鼓，分三曲。腹部纹饰分为上下两层：下层排列忍冬花纹图案，上层錾

镏金银香炉

唐代银箸

刻春秋人物画，衬以流云萱草，并有"子路""论语：灵公问政""少正卯"等题字。

鎏金镂空飞鸿球路纹银笼子，唐代银器，通高17.8厘米，腹深10.2厘米，重654克，1987年于扶风县法门寺地宫出土，现藏于法门寺博物馆。

此器系模冲成型，通体镂空，纹饰鎏金，状如鸟笼。盖为穹顶，口沿下折，顶面錾饰十五只飞鸿，口沿上缘錾饰一周莲瓣纹，下缘饰一周上下错列的破式团花纹，鱼子纹地。两侧口沿下铆有环耳，套住提梁。提梁截面呈扁六棱形，上接银链，银链的另一端与盖顶相连。笼体口沿处也饰一周破式团花纹，

古代著名银器

鎏金捧真身菩萨

腹壁錾三周二十只飞鸿,均两两相对。通体镂空处作球路纹。这种图案在唐代基本定型,后流行于宋代。

鎏金捧真身菩萨,唐代银器,通高38.5厘米,1987年于扶风县法门寺地宫出土,现藏于法门寺博物馆。

此器为银质,分菩萨和莲座两部分。菩萨浇铸成型,高髻,头戴宝冠,面颊丰腴,仪态万千。菩萨手捧金匾,金匾为长方形,用银片模压而成,正面满涂金色,边沿饰一周宝相花。匾文竖行,共六十字:"奉为睿文英武明德至仁大圣广孝皇帝敬造捧真身菩萨永为供养伏愿圣寿万春圣枝万叶八方来服

宝相花

四海无波咸通十二年辛卯十一月十四日皇帝诞庆日记。"

宝相花，我国传统装饰纹样之一，盛行于隋唐时期，是一种寓有宝、仙之意的装饰图案。一般以牡丹、莲花为主体，中间镶嵌着形状不同、大小粗细有别的其他花叶。尤其在花芯和花瓣基部用圆珠作规则排列，像闪闪发光的宝珠，加以多层次退晕色，显得富丽珍贵。古代，我国纹饰主要是以动物和几何图形的纹饰为主。从魏晋南北朝开始，在佛教装饰艺术的影响下，植物花卉题材的纹饰渗透到了包括陶瓷装饰、建筑装饰和金属器皿装饰等几乎所有的艺术领域。佛教将莲花视为圣洁、吉祥的象征。自南北朝开始，莲花纹饰便被大量运用于装饰艺术之中了。

鎏金翼兽纹六曲银盘，唐代银器，高1.4厘米，口径15.3厘米，1970年于西安市何家村出土，现藏于陕西历史博物馆。此盘银质，六曲葵花形，折沿，浅腹平底。盘心处贴焊一只振翅扬尾的双足独角异兽，尾、翼等处还用阴线錾刻出细部，显得细腻生动。银盘经抛光处理，呈灰白色，光亮如新，中心部位的纹饰经鎏金处理后，金光灿灿，充满神异色彩。

六瓣凸花银盘，唐代银器，高1厘米，口径15.5厘米，1972年于西安市南郊曲江池村出土，现藏于西安市文物管理委员会。

此盘宽沿平底六瓣形，锤击成型，模冲花纹。盘心有一朵五瓣形团花，外绕一株阔叶折枝花，纹饰涂金。下有三足，已经遗失。

唐代的花鸟绘画已有相当发展，花鸟题材在工艺装饰中占有重要位置，使这一类的工艺制品无论是在质量上，还是在数量上都有较大的发展。

舞马衔杯纹银壶，唐代银器，通高18.5厘米，口径2.3厘米，底足径7.2—8.9厘米，重547克，1970年于西安市何家村出土，现

六曲银盘

藏于陕西历史博物馆。

银壶采用我国北方游牧民族皮囊形状，便于外出骑猎携带，使里面的液体不易洒出，又便于日常生活使用，安全卫生，设计科学。银壶在装饰上采用点装手法，在壶的两面分别有一匹奋首鼓尾、衔杯前拜的舞马作为主题纹饰，表现了唐代宫廷舞马衔杯祝寿的生动情景。

慧光塔塔基鎏金玲珑银塔，北宋银器，1966年于浙江瑞安慧光塔塔基出土，现藏于浙江省博物馆。此塔通高34.8厘米，塔身四面七层，全用薄银片制成，通体鎏金。下有须弥座，腰间镂刻壸门佛像，座面四

银壶

古代著名银器

周围以勾栏，一面镌刻二十六字题记，另三面雕武士像，塔南面辟门，从第二层起每层均开四个壸门，中间各有一尊坐像。顶冠塔刹，由仰莲、相轮、宝珠等组成，用链条与最上层的四角相连。每层四角悬挂象征性风铎，塔体轻盈挺秀，雕刻精致玲珑，是南方首次发现的宋代银制珍品。

翘头小脚银鞋，南宋银器，全长 14 厘米，宽 4.5 厘米，高 6.7 厘米，出土于浙江衢州南宋墓中。

此鞋面与底均以银片焊接而成，鞋头高翘，鞋底尖锐。

宋代金银器纹样以秀丽脱俗为特色，与唐代饱满富丽的风格有着显著的差异。如镏金银执壶，南宋银器，高 23.4 厘米，现藏于福建博物馆。此壶侈口，鼓腹，喇叭形圈足，腹部一侧焊接管状流，另一侧为宽带式柄。壶盖直口折沿，与壶口扣合，盖面有圆圈状隆起，中部为柱形钮。壶身满饰双鸟组成的小团窠，盖沿饰二方连续三角纹，圈足外侧饰波浪形缠枝花卉纹，纹饰錾刻镏金。

此壶造型挺拔秀丽，壶嘴及柄较弯，更添柔美，纹饰题材新颖，布局疏密有致，展示了宋代工艺美术的特色和魅力。

银制兽首

鎏金银鸡冠壶

宋代鎏金银器多通体鎏金，仅在纹样部分鎏金的器物较少。此壶采用唐代金花银器的装饰方法，实不多见。

花瓣式银碗及长流壶，辽国银器，口径11—48厘米；足径26—26.5厘米。碗作花瓣状，敞口斜壁，轻盈小巧，为银片锤制。壶高颈，圆腹，圈足，通身錾刻精美纹饰。特别是大弧度的曲形执柄及又弯又长的流，清新流畅，无比精美。

鎏金银鸡冠壶，辽国银器，盛水器，高26厘米，底长21厘米，宽16厘米，1979年于内蒙古赤峰洞后村窖藏出土，现藏于内蒙古自治区赤峰市文物工作站。壶把为鸡冠形状，壶盖与壶身以银链相连，盖面錾刻对称的四瓣花纹，外沿錾刻八个四瓣花朵。壶颈较高，四周錾有牡丹纹。壶身鼓起，两面均在菱形图案中錾刻一只花鹿，鹿前后各錾刻山石、灵芝、海水，有如仙境。壶身前面成三角形，三条边做成仿皮绳纹装饰。契丹银器制作工艺受唐朝影响较大，但器形和装饰花纹保留了本民族风格。此壶是辽国银器中之精品。

镀金团花银圆盒，元代银器，高8.9厘米，腹径24.8厘米，足径17.5厘米，1959年1月于江苏吴县吕师孟墓出土，现藏于南京博

银头簪

元代银壶

物院。通体镏金,饱满厚实。

银渣斗,元代银器,通高10.3厘米,盘径18厘米,腹径9厘米,底径5厘米,1960年4月于江苏省无锡市南郊钱裕墓出土,现藏于江苏省无锡市博物馆。此渣斗圆唇,浅腹,束颈,小平底,口部成平底圆盘形,外底压印"陈铺造口"四字。渣斗又名唾壶,用于盛装唾物。也可置于餐桌,用于盛肉骨鱼刺等食物渣滓,小型者也用于盛茶渣。

六角錾花错金银錾壶,明代银器,通高23.5厘米,最大腹径10.5厘米,口径5

古代著名银器

老式喜字银质挂件

厘米，底径 7.5 厘米，1977 年 10 月于北京市海淀区八里庄李伟夫妻合葬墓出土，现藏于首都博物馆。

此壶截面为六角形，每面刻有精细的花卉纹、飞鸟纹和叠石纹，壶颈有一周卍字纹，壶盖刻一组如意云纹，壶的圈足、把手及流上刻以繁密的缠枝纹和三角纹。纹饰部分错金。

吉祥纹银酥油灯，明代银器，高 23 厘米，底径 11 厘米，口径 15.2 厘米，1960 年于四川甘孜藏族自治州征集，现藏于四川省博物馆。

此壶敞口，边外卷，深腹，腹部满刻串枝牡丹、八吉祥图案。灯茎上下细中间鼓，四周各有一开光，开光内均镂刻吉祥图案。灯座上段锤变体仰覆莲瓣纹一周，中部内收，下部舒展上翘，下段呈喇叭形，边沿饰海水纹。此壶为藏族宗教用具，器形敦厚，纹饰融进了汉族特色。

五十两银锭，明成祖永乐六年（1408年）银作局制，为带有年号的明代银作局银锭。银作局是明代专为宫廷制造金银器饰的作坊。目前已知存世的银作局银锭仅四件，其中两件带年号。此为带有年号的银锭之一，上刻铭文为"银作局永乐陆年十一月内销铸花银五十两重作头顾阿福匠人仇士平陆字一千陆百七十号"。铭文详细，制作规范，保存完好，白光闪闪，弥足珍贵。

明代瓜子银锭

银爵，明代银器，高9.4厘米，口长10.3厘米，宽5.8厘米，腹深4.5厘米，湖南通道县瓜地村南明窖藏出土，现藏于湖南省怀化地区文物工作队。

此爵敞口，直腹，圆底，单鋬双柱，三兽形足，流短而宽，尾部较长。腹部在雷纹地上錾饰花卉、飞鸟等纹样。形制古朴，轻灵秀丽，体现了皇家用器与一般官僚所用器物的不同风格。

银温酒器，通高8.8厘米，口径6.5厘米，清宫旧藏。

古代著名银器

此器似今酒精炉之结构,整器由支架和盖杯两部分组成。架为三足托一圆盘,用于盛放酒精等液体燃料。支架上置圆盆形盖杯,杯内可盛酒,加热后饮用。此温酒器做工精巧,造型新颖别致,为清代中晚期银器著名作品。

银累丝双龙戏珠纹葵瓣式盒,清代银器,高 6.3 厘米,口径 14 厘米。

盒为葵瓣式,圈足。盒体以细银丝累出缠枝花纹为地,其上用粗银丝掐成纹饰。盒盖中心圆形开光内饰双龙戏珠图案,其外八个云头式小开光内饰八宝纹,盖边八个开光内饰花卉纹。

清代镶银火镰

清代银器制造工艺在元、明两代的基础上有了突飞猛进的发展，至乾隆时期达到顶峰。银器使用范围进一步扩大，器型增多，图案也有了很大的变化。此盒累丝细腻，纹饰清晰，图案精美，制作精工，反映了清代花丝镶嵌工艺的艺术风格和技术水平。

开光为装饰方法之一。为了使器物上装饰变化多样，或突出某一形象，往往在器物的某一位置留出某一形状（如扇形、菱形、心形等）的空间，然后在该空间里装饰花纹，称为"开光"。

银錾花梅花式杯，高3.3厘米，口径5.5厘米，足径2.7厘米，清宫旧藏。

杯口呈五瓣梅花状，足为梅花形。杯身五个开光内各錾刻凸花为饰，杯柄镂雕花及花叶。

清代银器加工在继承前代工艺的基础上继续发展，技术更加精湛，尤其是康熙和乾隆两朝，银器錾刻工艺更具华贵富丽的风格，装饰效果极强。此杯造型精巧，雕琢细腻，反映出清代银器加工制作的工艺水平和风格特点。

银经匣，长30厘米，宽11厘米，高

银器细部

银经匣

13厘米，现藏于北京故宫博物院。

此匣为拱形，两侧附有活动长方形耳，顶部中段为一匣盖。通体錾刻纹饰，正面为佛经故事，顶部饰云龙纹，背面錾刻缠枝八宝，侧面为缠枝莲花纹。此匣造型简洁，以微拱的弧度弥补了长方体呆板之病，使经匣无论从任何角度欣赏都富于变化。此匣纹饰全部錾刻而成，纯净明快，在清代银器工艺品中实不多见。匣盖内贴有标签，上有墨书满汉文字，内容相同，汉文为"乾隆二十年十二月二十五日达尔当阿奏进追赶阿穆尔萨那所获银经匣一个"，据此可知，此匣为乾隆年间平定准噶尔叛乱时缴获的战利品。此匣为厄鲁特蒙古工匠的作品，反映了清代蒙古族银器的工艺水平。

五 银器的保养

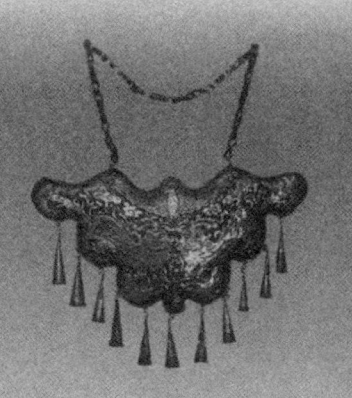

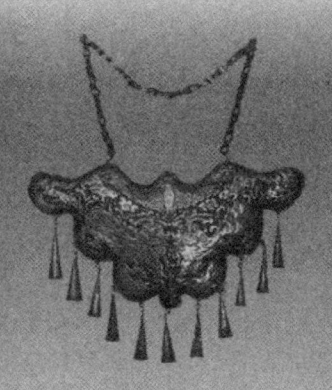

古代的银器传到今天，可谓来之不易，我们要珍惜它，保养好它。

家中的银器也要保养好，有的已经都传了好多辈，甚至传了几百年。

银极容易吸收水银，使表面遭到严重破坏，完全失去光泽，形成银汞齐，又称汞银。在潮湿的空气中，银容易被硫的蒸气及硫化氢腐蚀，致使表面变黑。化妆品不仅含汞，而且含硫，能使白银生成黑色的硫化银；空气中有时也含有硫。因此，银器要远离化妆品和含硫的空气，使用体温计时也要多加小心。

银饰品

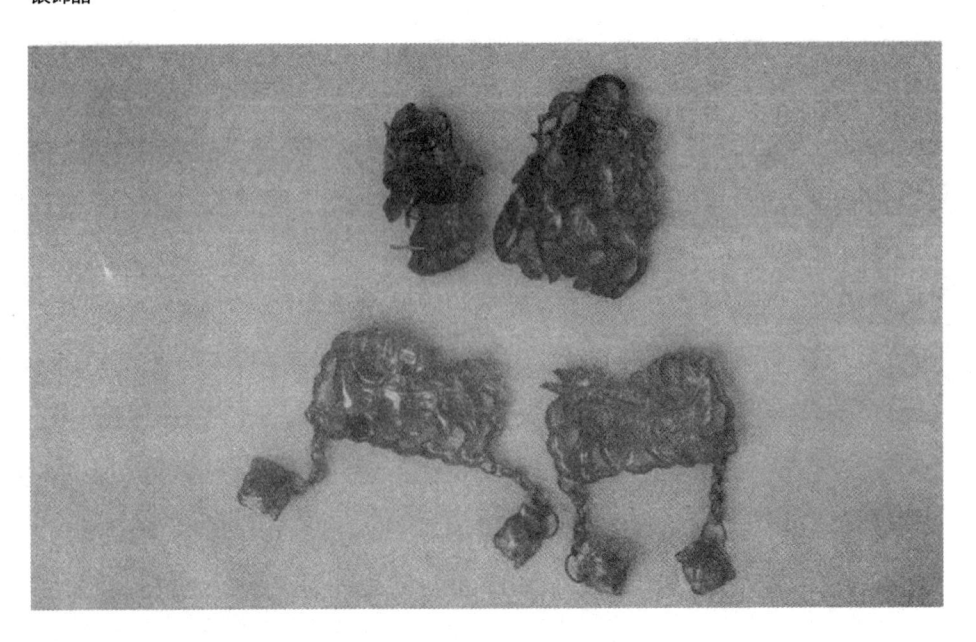

古代银器

臭氧也能使白银变黑，因此日常生活中使用的负离子发生器、消毒柜都不宜放置银器。

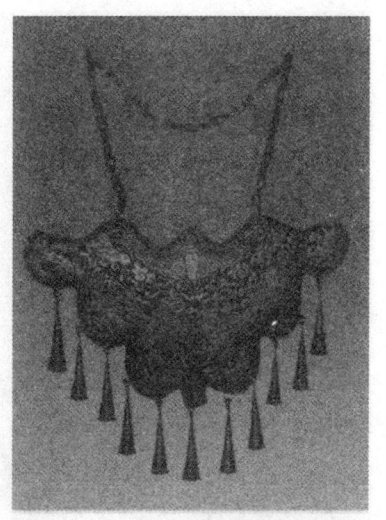

自来水净化后常含有漂白粉或氯气，对白银有严重的侵蚀作用，会产生氯化银，使白银失去光泽。因此，不宜佩戴银器入浴。

洗衣粉中含有漂白剂，漂白剂含氯，对白银有一定的腐蚀作用。因此，银器要远离洗衣粉。

少数民族银饰品

白银溶于盐酸、硝酸，因此银器要远离盐酸和硝酸。

如果不慎使银器受到损坏而变黑，可选用下面一些方法：

用可乐浸泡银器，浸泡时间需12小时。

用醋酸擦洗银器。

用隔夜茶浸泡银器。

用洗银水浸泡银器一至两分钟。

用涂改液涂在银器上，在涂改液未干前用布擦拭银器。

用牙膏和牙刷擦洗银器。

用打火机烧黑银器，然后再用擦银布把银器擦亮。但要注意，此法只限于素银，包金和镶嵌的银器不能用此法。不可用火

清代银器花钱

柴烧银器，因为火柴含有硫磺，能使银变为硫化银。素银是没有外镀白金的925银，在空气中比较容易氧化。925银是含银92.5%的银，在国际标准上被公认为纯银标准。100%的银较软，制作时不能成型，不便做成银器，而且容易氧化。

素银的银器经常发黑，清理起来十分麻烦。可在清理银器前准备一瓶透明的指甲油，涂在清理好的银器上，能保持银器一年内不变黑。

银器在牛奶里浸泡一夜后，可以恢复明亮。

直接用擦银布擦拭银器，能够一擦如新。可随时随地擦拭，方便快捷。擦拭后能使银器产生保护层，不会变黑变暗。擦银布不能沾水，可反复使用。

古代银器